先认问再管教

刘青竹◎编著

不唠叨的养育话术

北方妇女儿童出版社
·长春·

图书在版编目（CIP）数据

先认同　再管教　不唠叨的养育话术 / 刘青竹编著.

长春 : 北方妇女儿童出版社, 2025. 5. -- ISBN 978-7 -5585-9405-2

Ⅰ. G78

中国国家版本馆CIP数据核字第2025LS3862号

先认同　再管教　不唠叨的养育话术
XIAN RENTONG ZAI GUANJIAO BU LAODAO DE YANGYU HUASHU

出 版 人	师晓晖
责任编辑	孟健伊
装帧设计	李东杰
开　　本	710mm×1000mm　1/16
印　　张	12
字　　数	140千字
版　　次	2025年5月第1版
印　　次	2025年5月第1次印刷
印　　刷	三河市燕春印务有限公司
出　　版	北方妇女儿童出版社
发　　行	北方妇女儿童出版社
地　　址	长春市福祉大路5788号
电　　话	总编办：0431-81629600

定　　价　59.00元

前　言

你多次提及的问题，孩子依然没有改变；你苦口婆心地教育了半天，孩子却完全听不进去；你认为自己所做的一切都是为了孩子好，但孩子似乎并不理解……

回想起孩子小时候，他是那么可爱、那么贴心、那么乖巧，为什么越长大反而越不听话了呢？于是你开始四处"取经"，这个专家说："教育孩子，要不吼不叫。"那个专家说："父母要学会放手，给孩子创造独立自主的机会。"……然而，理论学了一大堆，到头来却丝毫用不上，自己也想"不吼不叫"，换来的却是孩子的"蹬鼻子上脸"；自己也想"佛系当妈"，换来的却是孩子如泼猴儿般的调皮捣蛋。于是，我们又陷入了"自我怀疑"之中。

事实上，并非教育方法不恰当，而是关系有了"裂痕"，这道"裂痕"叫作"缺乏认同"。

当父母对孩子缺少认同时，就很难发现孩子身上的"闪光点"，甚至无法接受孩子的失败和错误。同时，如果父母过多地干预孩子的成长过程，可能会让孩子产生父母不爱自己了的感受。

当孩子在父母这里感受不到认同时，叛逆的情绪就会随之产生。而亲子关系一旦出现问题，那么即使再好的教育方法也会没有了用武之地，因为一切教育的前提都是关系。

孩子之所以愿意听父母的话，愿意服从父母的管教，更多的是他们愿意信任父母，从心里尊重父母，坚信父母带领他们走向的是一条正确的人生道路。因此，想要教育好孩子，首先要与孩子建立起良好的亲子关系。而良好的亲子关系的前提，就是认同。

当孩子犯错时，不要急着纠正孩子的问题，而是先尝试着与孩子产生共情，表示能够理解他的错误，这就是认同。

当孩子经历失败时，不是急着责备他们的失误，而是先肯定他们付出的努力，再去帮忙分析失败的原因，这就是认同。

当孩子内心感到委屈时，不是一味地要求他们坚强，而是先倾听他们的心声，尽可能地去理解孩子内心真实的想法，这就是认同。

……

中国传统文化中有一句俗语"先通情，再达理"。当孩子能够从父母的言语、行为中感受到父母的认可时，他们才更愿意成长为"父母理想中的孩子"。

教育孩子的路上，不存在毫不费力便可成功的范本，唯有"用心"二字，可用于所有的家庭教育中。本书为父母提供了全新的养育视角和实用话术。全书分为两个部分：第一部分讲述了父母如何去认同孩子。强调接纳孩子的情绪、行为和个性，理解他们的内心世界，从而建立起良好的亲子关系，为亲子之间的沟通打下坚实的基础。第二部分侧重于实际应用，讲述了父母如何说话，孩子才会听、才更愿意听、才更喜欢听。当孩子感受到被接纳后，再进行恰当的管教。

希望本书能够帮助父母与孩子建立良好的亲子关系，培养出自信、独立、有责任感的孩子，让育儿之路变得更加轻松、顺畅。

目　录

第一部分　认　同

第二部分　管　教

第一部分

认　同

在家庭教育中，无论孩子性格强势还是弱势，都希望自己的言行举止能够得到父母的认同。

为了获得父母的认同，有的孩子会拼命读书，取得好成绩；有的孩子会专注兴趣，变得多才多艺；有的孩子会撒娇讨好，获得支持与赞许……

总之，每个孩子都在用自己的方式向父母寻求直接或间接的认同。

有了父母的认同，孩子的内心便会增长出对自我的认同，这份自我认同犹如一盏明灯，照亮他们前行的道路，赋予他们探索世界、挑战自我的勇气。

第1章
每个孩子，都需要被看见

当孩子喊"妈妈看我""爸爸看我"时，不要怀疑，你的孩子正在博取你的关注。此时此刻的他们，希望自己的存在和感受能够被父母看到。哪怕父母只是回应一句："你真棒！"他们那颗小小的、渴望被关注的心，就能够得到无限的满足。

这是人类最朴质的心理需求，就像那首《我的歌声里》唱的一样："你存在，我深深的脑海里，我的梦里，我的心里，我的歌声里。"

孩子的行为是一扇窗

人们常说："眼见为实，耳听为虚。"不少父母对待孩子的教育也持类似观点。孩子犯了错，就对孩子进行惩罚或责备；孩子表现良好，就对孩子进行表扬和奖励。这就是典型的"唯行为论"的教育观念，即只在意孩子的行为，将重点放在"如何改变孩子的行为"上。

一些父母认为，只要纠正了孩子的错误行为，孩子就能越来越优秀。但结果呢？孩子的行为没有被纠正过来，还越来越难管。这就如同陷入了一个"循环怪圈"之中，父母越唠叨，孩子的逆反心理越强。

现在，我们不妨换个角度，来看一下这个问题。

想象一下，你结束了一天的工作，身心疲惫地回到家，发现家里被孩子折腾得非常凌乱。你还没来得及批评他，就接到了老师的"投诉电话"，孩子昨天的作业又没有完成。孩子嚷嚷着喊饿，你强忍着怒火，打开冰箱，打算先做晚饭，却发现冰箱里除了有几颗生鸡蛋什么蔬菜都没有。你刚拿起鸡蛋，老公走了过来，说笔记本电脑的电源线找不到了，跑来问你有没有看到。此时你再也无法控制情绪，将手中的鸡蛋扔到地上，对着老公和孩子大发雷霆。

从表面上看，是你发火了。但你发火行为的背后却是无从诉说的委屈，是你内心难以压抑的情绪。此时此刻的你，最希望被如何对待呢？

是老公埋怨你情绪不稳定，是孩子说你莫名其妙，还是老公一个温柔的拥抱，孩子一个充满歉意的吻呢？相信每个人都会选择后者。

孔子曾说："己所不欲，勿施于人。"孩子跟大人一样，当他们做出不恰当的行为，他们需要的是父母透过他们行为的"窗户"看到他们的内心，而不是被教育、被灌输道理、被批评，或是被羞辱。

这天，妈妈做完中午饭，兄弟俩一前一后来到了餐桌前。哥哥一屁股坐在了弟弟平时坐的位置上，无论弟弟如何推搡，哥哥就是一动不动，脸上还洋溢着得意的笑。

弟弟："让开，这是我的位置。"

哥哥："凭什么你天天坐这里，今天我想坐这里。"

妈妈只想尽快平息这场"战争"，不由分说地拽起哥哥，指着哥哥平时坐的地方说道："平时坐哪儿，今天就坐哪儿。去，回到你的位置上去。"

被拽起来的哥哥，满脸的不服气，扔掉了手中的筷子，怒视着妈妈说道："哼，我不吃饭了。"

妈妈心想：明明就是哥哥挑衅在先，现在还要发脾气，于是便回复道："不吃就不吃，反正到时候饿的不是我。"

看着妈妈冷漠的神情，弟弟幸灾乐祸的样子，哥哥愤怒地指着妈妈"控诉"道："你就是喜欢弟弟，不喜欢我。你们都向着他，什么都叫我让着他。他弄坏我的汽车，你也不批评他，我就想挨着你坐，你还数落我……我讨厌你，你是个坏妈妈……"

哥哥说得声嘶力竭，每个字都像一记重锤，锤在了妈妈的心上。自从有了弟弟后，妈妈总是提醒自己要"一碗水端平"，可又不由自主地将大部分精力花在弟弟身上。哥哥想让妈妈抱一抱的时候，妈妈的怀里抱着弟弟；哥哥想让妈妈讲故事的时候，妈妈怀里抱着弟弟；哥哥想让妈妈陪着玩儿的时候，妈妈的怀里仍旧抱着弟弟。

尤其是当两个孩子发生冲突时，妈妈下意识地"保护小的，批评大的"，与其说是在解决兄弟俩的矛盾，倒不如说只是为了息事宁人。至于哥哥心里怎么想，是不是能接受这样的"处理"结果，妈妈却没有考虑过。而哥哥也才 8 岁，而且这个年龄的孩子感知力和情感细腻度都在不断加强。

想到这里，妈妈内疚不已。她走到哥哥面前，试着将哥哥揽进怀里。开始时，哥哥还有些挣扎，不愿接受妈妈的"示好"。妈妈柔声说道："你上了一上午课，很想妈妈，对不对？所以回了家，才想要挨着妈妈坐。妈妈刚才那么粗暴地对待你，是我不对，原谅妈妈好吗？"

听完妈妈这番话，哥哥顿时感觉自己被理解了，抱着妈妈，哇哇大哭起来。

当孩子在你面前非常逆反时，其实正是他最需要爱的时候。如果这个时候，父母选择了忽略他们的感受，他们就会逐渐对自己失去信心，并可能做出违背家长意愿的行为。他们可能无心学习，性格暴躁易怒，在人际关系中频繁制造冲突，沉迷于手机，甚至在极端情况下可能出现自残行为。

那么，孩子这些不良行为的背后都隐藏着怎样的心理需求呢？

寻求关注

有时孩子做出一些错误的行为，在大人看来是"明知故犯"，但孩子真正的目的是博取父母的关注。设想一下，如果孩子一声不吭地自顾自地玩儿，你是会选择坐在他身边看着他，还是选择安心地去做自己的事情呢？大多数人可能会选择后者，因为孩子很乖，不用分散自己的精力。如果孩子此时正在家里"大闹天宫"，你是选择视而不见，还是选择批评指正呢？相信你会选择后者，因为你怕他把家里的布置搞乱。

这是孩子会故意犯错的一个原因，因为"会哭的孩子有糖吃"。所以，当孩子做出一些哗众取宠的行为或是故意捣乱时，其实就是孩子在告诉你："爸爸妈妈，请你们看看我，我需要你们夸夸我。"

寻求权利

每个人都希望拥有自主权，孩子也一样，虽然他们心智尚未成熟，但是想要自己做主的心思却一点儿也不少。尤其是当父母较为强势，经常大包大揽时，孩子的自我价值感、归属感就会变低。为了提升自我价值感，让自己变得有用，他们就会故意跟父母对着干，并且特别反感父母发出的号令。如果这时父母选择生气，就非常容易起冲突。

正确的做法是，父母先停止对孩子发号施令，转而询问他们的看法是什么，或者他们想要怎么做。如果孩子的想法可以执行，那么不妨让孩子自己做主；如果孩子的想法难以执行，那么就一起商量个折中的对策。有时候，不一定非得按照孩子的想法来，孩子只是希望拥有参与其中的权利，不管结果是什么，他们其实都能够接受。

寻求认可

来自父母的认可是孩子自我价值感的重要来源，如果孩子总是无法从父母那里获得认可，就会产生报复父母的行为，如跟父母顶嘴，或是说一些难听的话刺激父母，有时还会上升到行为上。

比如，孩子考试没考好，如果父母对孩子进行批评，孩子就觉得自我价值感降低了，于是就采用顶嘴的方式对抗父母。父母因为孩子顶嘴而伤心失望，认为孩子不求上进，而实际上，孩子的内心却在说："考不好我也很难过，这个时候我希望有人能认同我的感受。"

相反，如果父母对孩子说："没考到好成绩，你的心里比谁都难过。但光难过不能解决问题，还是要思考下今后该怎么做。"相信孩子听了这番话，一定不会顶嘴，反而会主动去分析自己没有考好的原因。

寻求帮助

现在的孩子，大多数是在蜜罐子里长大的，在物质上他们什么都不缺，他们最缺少的，其实是精神上的支持。因此，当他们陷入无助的境地时，会极度缺少自我价值感，特别希望有人在后面支持和鼓励，帮助自己解决问题。

比如，孩子成绩不好，但经过了一个阶段的努力，发现自己的成绩还是提不上去，这时他就会认为自己笨，谈到学习会变得消极，缺少学习动力，甚至产生厌学的情绪。表面上他已经放弃自己了，但他内心一直在呼唤，希望父母能够帮助他们，告诉他们怎样才能走出当前的困境。

孩子的行为是一扇窗，里面藏着孩子的感受、想法、冲动和未能满足的需求。我们要顺着这扇窗往里望，才能知道在孩子身上发生了什么，为什么会有这样的行为，这样的行为背后隐藏着什么样的感受，有什么需求没有被满足，进而去寻找这些问题的答案，如此我们才能看见孩子、理解孩子，做到真正地同理孩子。

情绪是信使，背后是需求

一提到情绪，很多人认为只有成年人才会有情绪，将孩子闹情绪所表现出的爱哭、大喊大叫、摔打物品等行为归结为不听话、难管教。

我们不禁要问，为什么大人可以有情绪，孩子就不可以有情绪呢？要知道，人的情绪是与生俱来的，情绪从孩童时期就存在。既然认同大人有情绪，那么也要接受孩子有情绪的事实。

面对闹情绪的孩子，有些家长只是一味地满足孩子，孩子要什么就给什么，结果呢？孩子不但没有因此而变得温和，反而可能变本加厉。有些家长则属于暴脾气，采用"棍棒底下出孝子"的教育方式，孩子一闹情绪，立刻对孩子大声斥责，甚至采取不当的肢体动作来应对。

姐姐放学回家后，发现自己拼了一天的乐高城堡被拆得七零八落，她不用问也知道是谁干的"好事"。于是姐姐扔下书包，怒气冲冲地走到弟弟面前，一把推倒正在搭积木的弟弟，大声吼道："是不是你把我拼好的城堡拆了？肯定是你！你赔我！"弟弟吓了一跳，蜷缩在地上哇哇大哭。妈妈听见后，连忙过来说和。

妈妈先是对着弟弟说："你怎么把姐姐刚拼好的城堡给拆了呢？快跟姐姐道歉。"

弟弟哭着说了声："对不起。"

妈妈又对姐姐说："弟弟都跟你道歉了，你再重新拼一遍好不好？"

姐姐大喊道："不好，道歉没有用！让他给我拼好！"

妈妈觉得姐姐有些为难人了，便有些生气，说道："弟弟又不是故意的，谁让你自己不放好呢！"

听到这话，姐姐觉得委屈极了，冲回自己的房间，将破碎的城堡摔在地上，边摔边说："我拼它有什么用？还不如都摔烂了。"

姐姐的过激行为，让妈妈更加生气。妈妈一把拽过姐姐，用力地推到墙边，用手指指着姐姐责骂道："你再给我摔一下试试？看我不打烂你的手。不就是个城堡吗？弄散了再拼就是了。"

姐姐心中愤愤不平，却又害怕妈妈动手打她，只能将委屈吞进肚子里，接连好几天，姐姐看向弟弟的眼神中都充满了怨恨。

其实，面对情绪失控的孩子，最好的解决办法既不是无条件地满足其要求，也不是训斥、责骂，而是先控制自己的情绪，让自己心态平稳下来，再去探寻孩子情绪背后的心理动机。对于任何人来说，情绪都是一种客观存在，满足和训斥都不会让它凭空消失，反而还会越积越多。

那么，在孩子的情绪背后，都隐藏着怎样的需求呢?

愤怒、发脾气：向父母求助

对于孩子来说，他们大脑中负责控制情绪的海马体尚未发育成熟，所以对情绪的处理能力非常薄弱。一旦有情绪出现，几乎不经过任何过滤，这些情绪就会直接从杏仁核传递到大脑皮层，随后剧烈地表现出来。所以，孩子的情绪表现往往比成人更加强烈。很多在大人看来犯不上发脾气的事情，发生在孩子身上，就有可能歇斯底里地大爆发。这倒不是孩子脾气大，而是他们不知道该如何表达自己的情绪和需求。这时候就需要父母耐心地告诉孩子如何表达自己的情绪，如何说出自己的需求。

哭闹：恐惧和寻求关注

孩子的哭闹是他们表达情绪的一种方式，尤其是在他们还无法用语言清晰表达自己需求的时候。如果孩子出现不知缘由的哭泣，往往是因为他们感到了恐惧，或是在寻求父母的关注。

对于小宝宝而言，父母可以通过拥抱和轻柔的声音配合轻拍，更好更快地安抚他们的情绪。对于大孩子而言，父母可以根据他们的偏好来做决定。有的孩子在情绪激动的时候，仍然希望投入父母的怀抱。这个时候，不要吝啬你的怀抱。但有的孩子在情绪激动时并不希望和大人之间有肢体碰触，这个时候父母也不必要强求，在一旁陪伴即可。等孩子情绪稍微平复下来，再和孩子进行沟通。

例如，小宝宝因为爬到高处被训斥而哭泣时，父母不要急着讲道理，而是先抱一抱哭泣的孩子，并问孩子："妈妈不让你爬窗台，还骂了你，你很不高兴是吗？"这时，你会发现孩子的哭声会马上降低，甚至会停下来。有些孩子可能还向父母一边点头一边说"嗯"。

孩子的情绪有了缓解，父母再跟孩子讲道理，就会容易得多，因为父母看到了孩子情绪背后的感受，孩子感受到了来自父母的关注，自然就愿意配合父母的管教。

焦虑：寻求安全感

孩子看似无忧无虑，但实际焦虑一直伴随着他们的成长。一两岁的孩子会因为妈妈不在身边而焦虑，三四岁的孩子会因为上幼儿园而焦虑，五六岁的孩子会因为有了弟弟妹妹而焦虑，上了学的孩子会因为学业压力而焦虑……

有些孩子还会因为焦虑产生一些"退行性行为"，比如，明明早已不尿床的孩子，突然开始尿床；已经五六岁的孩子，突然变得像小婴儿一样，不停地黏着妈妈，跟妈妈撒娇。如果妈妈说孩子几句，孩子马上就瘪嘴儿，开启委屈巴巴的哭泣模式。无论是因为什么而焦虑，其内在的根源都是孩子失去了安全感。

　　一个 7 岁的孩子，有一天突然尿床了，妈妈很生气地揍了她一顿。但这种做法没有丝毫作用，孩子照尿不误。于是妈妈便带着孩子去看医生，认为孩子的身体出了问题。经过一系列的检查后，证实孩子身体十分健康。医生便建议妈妈带孩子看看心理医生，看过心理医生后，便找到了尿床的原因。

　　原来孩子尿床那段时间，正是一年级刚入学的时候，此时妈妈刚生完妹妹，把大部分时间和精力放在照顾妹妹上了。而孩子面对陌生的学校环境、陌生的老师和同学，同时又发现妈妈的关注重点不在自己身上了，一时之间便无法应对，焦虑情绪便产生了，最终引起了尿床。

　　由此可知，很多时候，父母只看到了孩子表现出的不良情绪，却不愿意深究原因。其实，如果我们能够冷静下来，认真分析，积极理解孩子这些情绪背后的真实需求，就能知道孩子为什么会产生这些情绪。这时再针对孩子的需求去对症解决问题，才能从根源上帮助孩子管理自己的情绪。当孩子感觉到自己的情绪或需求被父母理解和接纳后，再加上适当的引导，久而久之，孩子就能懂得如何运用恰当的方法来表达甚至控制情绪了。

做发现孩子天赋的第一人选

如果一个人在某一方面具有先天的能力，而这种能力的高度是普通人通过努力无法企及的，这就是所谓的天赋。

其实每个人都有天赋，只是所表现的方面不同而已。有的人在创造力方面有天赋，有的人在想象力方面有天赋，还有的人在运动方面有天赋……

想要发现孩子的天赋在什么地方，就需要父母用心了。你或许都不知道，天赋的能量处在一种此消彼长的平衡中。如果父母寻找错了方向，那就极有可能忽略掉了孩子真正的天赋。

沐沐十分喜欢小汽车，已经到了迷恋的程度，吃饭时将小汽车放在餐桌上，睡觉时将小汽车放在枕头边。3岁时，他就能把见到的各种车的名字以及原产国说出来。在幼儿园的游戏中，沐沐能够把各种东西想象成汽车，动不动就像模像样地"开"起来。

如果大人说到了和汽车有关的话题，他就眼睛发亮，很认真地听。相反，若是讲其他的内容，他就一副心不在焉的样子。

沐沐7岁了，到了上小学的年龄。开学没多久，妈妈就被老师叫到了办公室，原因是沐沐在课堂上画画儿。妈妈打开课本一看，语文书上的小朋友坐上了"小汽车"，数学书上的数字也都变成了"小汽车"。

回到家后，尽管沐沐一直哭着保证，他再也不在课堂上画画儿了，但妈妈还是将沐沐所有的小汽车都扔了。这件事后，妈妈语重心长地对沐沐说："上学了就要以学习为主，只有将小汽车扔掉，你的心思才能全部用到学习上。只有你取得了好成绩，你将来才能挣更多的钱，去买真的汽车……"妈妈说了很多，但沐沐一个字也没有听进去。

每个孩子都是带着一些自然给予的特殊密码出生的，犹如种子，蕴藏着无限潜能，能不能生根、发芽、开花、结果，还要看外部是否提供了适宜的条件。父母就是为孩子提供生长的土壤，如果这块土壤不适合孩子生长了，那么孩子的天赋就会被扼杀；如果这块土壤会为了孩子成长及时调整自己的养分结构，为孩子提供更适合的成长环境，那么一定会有开花结果的一天。

8岁的吉莉安·琳恩被老师认为是班里最差的学生，她上学迟到、书写糟糕，还是课堂秩序破坏者，上一分钟还在吵吵嚷嚷，下一分钟又向窗外张望，而老师不得不停下教学，去纠正她的行为。她的成绩更是一塌糊涂，学校认为她存在某种学习障碍，便给她的父母写告知信，希望能够将吉莉安送到特殊学校学习。

父母接到信后极为震惊，但他们很快就冷静下来，给吉莉安·琳恩穿上最精美的衣服和鞋子，扎了一个漂亮的马尾辫，然后怀着忐忑不安的心情，带她去看心理医生，希望医生能够给予他们一个准确的答案。经过医生的诊断，吉莉安·琳恩不但没有任何问题，她在诊室里对音乐表现出极强的敏感度，并且随着音乐自然起舞，这让医生觉得她在舞蹈方面很有天赋。于是吉莉安·琳恩被送进了舞蹈学校。

当吉莉安·琳恩走进舞蹈教室的那一刻，她感觉太棒了，终于不用坐在椅子上一动不动地听讲了，这里可以边动边思考，而且每个人都和她一样。因为喜欢，吉莉安·琳恩学习起来十分用心，回到家还刻苦练习。

后来，吉莉安·琳恩加入了皇家芭蕾舞团，成了一个独舞表演家，并在全世界巡演。还在著名歌剧《歌剧魅影》的音乐版本中担任调度编排和编舞。

试想一下，如果吉莉安·琳恩没有碰到那位心理医生，而是被送去了特殊学校，那么世界将失去一个富有才华的舞蹈创作家。所以，不是天才不容易出现，也不是天才太少，而是天才的天赋太容易被掩盖。

　　作为父母，我们该如何去发现孩子的天赋，并能保护和增强孩子的天赋呢？美国耶鲁大学罗伯特·斯腾伯格博士研究出一种多方面测试孩子"天赋"的测验，让父母可以通过孩子的日常行为，推测出孩子的天赋所在。

　　测验内容如下：

　　1. 孩子在背诵诗歌和有韵律的句子时很出色。

　　2. 孩子很注意家长在愁闷或高兴时的情绪变化，并做出反应。

　　3. 孩子经常问诸如"时间从什么时候开始""为什么小行星不会撞到地球"这样的问题。

　　4. 凡是孩子走过一遍的地方，很少会迷路。

　　5. 孩子走路的姿势很协调，随着音乐所做出的动作很优美。

　　6. 孩子唱歌时的音阶很准。

　　7. 孩子经常问"打雷、闪电和下雨"是怎么回事。

　　8. 家长说话时，如果用错词了，孩子会给家长纠正。

　　9. 孩子很早就会系鞋带，很早就会骑车。

　　10. 孩子特别喜欢扮演什么角色或是编出剧情。

　　11. 外出旅行时，孩子能记住沿途标记，说："我们曾到过这里。"

　　12. 孩子喜欢听各种乐器，并能分辨出它们发出的声音。

　　13. 孩子地图画得很好，路线清楚。

　　14. 孩子善于模仿各种身体动作及面部表情。

　　15. 孩子善于把各种杂乱的东西按规律分类。

16. 孩子善于把动作和情感联系起来，譬如他说："我们做这件事兴高采烈。"

17. 孩子能绘声绘色地讲故事。

18. 孩子可以对不同的声音发表评论。

19. 孩子常说某某像某某。

20. 对别人能完成与不能完成的事，孩子能做出准确的评价。

语言天赋：如果孩子 1、8、17 条表现突出，说明孩子可能有很好的语言天赋。平时父母可以请孩子描述一些对象、一件事情或是一个自然现象等，并为孩子提供这方面的书籍，以保护和增强孩子这方面的天赋。

音乐天赋：如果孩子 6、12、18 条表现突出，说明孩子在音乐方面很有天赋，通常在他们两三岁的时候，就对有规律的声音产生了浓厚的兴趣，只要有音乐出现，他们就会睁大眼睛认真聆听，他们所表现出来的专注力，连大孩子都望尘莫及。

数学、逻辑天赋：如果孩子 3、7、15 条表现突出，则表明孩子可能在数学、逻辑方面很有天赋。平时他们更喜欢下跳棋和象棋这样的活动，并且能够很快就明白一些等量关系，他们还能够将混乱的玩具分门别类地放好。不过这并不意味着孩子上学时的数学成绩会很好，毕竟学校讲课的方式并不适合所有的孩子，同时孩子的注意力也影响学习成绩。但孩子在这方面的天赋是不容置疑的，所以父母不要用成绩来衡量孩子这方面的能力，以免打击孩子的自信心。

空间天赋：如果孩子 4、11、13 条表现突出，说明孩子在空间方面很有才能，他们有丰富的想象力，对绘画、机械组装等方面有着浓厚的兴趣。对此，父母可多带孩子去远行，并让孩子尝试绘制行动路线图，以此来鼓励孩子天赋的发展。

身体动觉天赋：如果孩子 5、9、14 条表现突出，表示孩子在运动、舞蹈方面十分有天赋。或许他们经常给大人一种好动的感觉，甚至是老师眼中的捣蛋鬼，但不要怀疑孩子的天赋。

自我认知天赋：如果孩子 10、16、20 条表现突出，说明孩子有很好的认识自我的才能。古人云："人贵有自知之明。"能够清楚地认识自己，是很了不起的本领，通常剧作家或者导演等职业的人，这方面的才能都十分突出。

认识他人的天赋：如果孩子 2、10、19 条表现突出，说明孩子有很好的识人才能，这类孩子无论是对自己，还是对他人，都能不由自主地做出判断和反省，在人际交往、沟通、组织方面颇具潜能。

不难看出，每个孩子都会在某些方面拥有天赋。让孩子充分发挥天赋的前提就在于父母是否能够看见。而看见孩子的天赋只是第一步，要让天赋成为孩子成长路上的助推器，并让孩子一生都从中获取成就感和幸福感，父母还要有针对性地培养孩子这方面的才能，正确地引导孩子，适时地鼓励孩子，只有这样，孩子的天赋才不会被埋没。

孩子无时无刻不在成长

加拿大儿童行为心理学家戈登·诺伊费尔德博士通过40余年的研究发现：每个孩子的成长都需要被看见。而大部分时候，父母看到的却是孩子的问题，譬如孩子的成绩、孩子的逆反、孩子的攻击、孩子的欺凌、孩子的恶习等，尤其是在看到同龄孩子非常优秀的时候，就更忍不住想要孩子"快马加鞭"起来。

其实，并不是孩子真的不好，而是父母不能看见孩子各类表现和行为背后隐藏的内心渴求，更看不见问题背后隐藏着的成长线索。世界一直处于变化中，人类作为这个世界中的一分子，也在时时发生着变化。只是，每个孩子的成长都有着其自身的规律和节奏，每天的变化是十分微小的，难以觉察的，直到偶然的一瞥，父母会发现，孩子突然长大了。

在幼儿园里，丁丁在老师的眼中是一个发育迟缓的孩子。当别的小朋友听到老师喊集合时，都知道放下手中的玩具，走到老师面前排好队，丁丁却依旧自顾自地搭着手中的积木。一首儿歌，老师教个三四遍，其他小朋友就学会了，只有丁丁不是忘了上句，就是忘了下句。出于职业素养，老师隐晦地建议丁丁妈妈让孩子提前学习小学的课程，以免到时候跟不上学习进度。

可在妈妈看来，丁丁是个很聪明的孩子，他会在爸爸看电视睡着的时候，给爸爸盖上他的小被子，也会在出门前将家里所有的灯都熄灭，还能帮妈妈去商店买东西，甚至还会跟老板砍价。孩子的成长发育，符合他这个年龄段的特点。至于那抽象的"1+1=2"，超出了孩子所处年龄段的认知，孩子不知道，也是很正常的事情。因此，丁丁妈妈没有采纳老师的建议，而是让丁丁继续自由自在地享受着童年时光。

转眼间，丁丁快要上小学了，而丁丁的生日与一年级入学年龄只差两天。别人建议丁丁妈妈走走后门，让孩子早点儿上学，早点儿学习知识。但丁丁妈妈觉得，上学早一点儿晚一点儿并不会对人生产生太大的影响，说不定晚上一年，丁丁接受能力更强，更容易适应小学的节奏。就这样，丁丁成了幼儿园里最大的孩子。虽然只是隔了一年，但丁丁的变化却可以用天翻地覆来形容，他会在老师发出指令时收拾好玩具，还会主动帮助比自己年龄小的同学，学习知识的速度，也与其他小朋友不相上下。

当丁丁正式成为一名小学生时，他依旧不是班里表现最突出的学生，他的学习成绩算不上最好，但也不是最差。丁丁妈妈一直坚持不让丁丁提前学习，她相信每个孩子都是一朵花，只是花期不同，她只要静静等待，就能等到花开的那一刻。

如果你的孩子开始成长较慢，先不要着急。他们就像种子一样，虽然还未长出地面，但是已经在地下慢慢生根发芽，当他们破土而出的那一刻，你便能看到他们茁壮的模样了。不要因为周围的环境或是固有的认知去左右孩子的成长，也不要因为孩子成长慢，就忽略了孩子在成长。

小树苗要长成参天大树，是一个漫长且充满艰辛的过程；孩子的成长也是如此，在成长的过程中，充满了艰难与险阻。所以，我们要善于观察到孩子的每一次微小的成长，并及时给予肯定，这是对孩子最大的支持，也是一个孩子最大的幸运。

那么，我们如何做，才能观察到孩子的每一次微小的成长呢？

看到孩子的点滴进步

在大部分家长的认知中，孩子做对了是正常的，而且是理所当然的。但如果孩子做错了，则是不正常的，而且是令人担忧的。因此，对于孩子产生的点滴进步，往往不能及时发现并给予肯定；相反，孩子若是退步一点儿，或是做错了一点儿，父母则会十分敏锐地看见。因此，多数情况下，只有孩子取得相当大的进步或是成就，父母才会对孩子进行肯定。但这样的进步是建立在一个个微小的进步之上的，而每一个微小的进步，都是在父母一声声鼓励和肯定中产生的。

期末考试结束后，芃芃的成绩排在班级第25名，而芃芃的同桌排在班级第3名。回家后，芃芃问妈妈："为什么我同桌能考第3名，而我只考了第25名？是不是我太笨了？"

面对芃芃的自我怀疑，妈妈没有立即回答他，而是认真地看着芃芃的卷子，看完之后，摸着芃芃的头说："妈妈觉得你一点儿也不笨，相反，还很聪明，因为上一次你做错的题，这一次你做对了。妈妈相信，你下一次的成绩一定会比这一次好。"

听了妈妈的话，芃芃瞬间信心倍增，并坚定地对自己说："下一次我一定要进入前20名。"怀揣着这份决心，芃芃在学习上投入了前所未有的热情与努力。随着时间的推移，到了小学六年级时，他的勤奋终于得到了回报——他的成绩已经跃升至班级前10名。

不要忽视孩子点滴的进步，哪怕只是一点点进步，都要给予孩子鼓励、夸奖。让孩子在正向反馈中长大，孩子往往会继续坚持和努力，进而每天都会有一些变化，虽然只是一些细微的改变，但是孩子的自信心会越来越强。

看到孩子失败背后的成长

著名教育学者尹建莉曾说："童年需要试误，需要孩子不听话。"因为孩子每一次失败换来的都是成长，这些看似负面的经历，实则是孩子成长过程中不可或缺的催化剂。失败教会孩子坚韧不拔、勇于尝试，让他们学会从错误中吸取教训，不断调整自己的方向和方法。他们通过犯错了解这个世界的规则，学会与世界相处。

圆圆从小在北京生活，去年放暑假的时候，是她第一次去居住在内蒙古牧区的奶奶家。牧区用水十分不方便，用水的时候需要从水井里打水，再将水储存在厨房的水缸里，需要吃水时就用小瓢从缸里舀水。

从小习惯用自来水的圆圆并不知道这一点，当她想洗手的时候，直接拿着脸盆去水缸里舀水了。妈妈和奶奶看到这一幕，下意识地惊呼了一声。这一声惊叫将圆圆吓了一跳，顿时手足无措地站在那里不知如何是好。这时圆圆才知道，脸盆外面长时间不清洗，藏着很多细菌，脸盆浸过水缸后，这一缸水就不能用了。

后来，圆圆在妈妈的指导下，用缸里面的水把家中的家畜的饮水槽都加满了，然后又和爸爸一起把水缸洗刷干净，并从水井中重新打上了干净的水。

因此，可以这么说，没有犯错的孩子，只有成长的机会。孩子有时候会犯错，是因为他们不知道正确的做法是什么，教孩子正确地面对并处理错误，就是给了孩子一次成长的好机会。

看见孩子背后付出的努力

孩子做一件事能有一个好的结果，那么肯定会让父母感到欣慰和欣喜。然而当孩子做一件事，没有达成好的结果时，你还会关注孩子，并肯定他努力的过程吗？比起结果，孩子努力的过程，更应该被父母看到。

饭桌上，兄弟俩在汇报期末考试的成绩。哥哥拿出98分的试卷，一脸骄傲地递给父母，然后等待着父母的夸奖。

妈妈看到试卷，满意地点着头说："进步很大呀，上学期你才考了92分，一下子进步了6分，太厉害了！如果你继续努力，下一次说不定就100分了。"

哥哥听了不住地点头，十分认同妈妈的说法。轮到弟弟了，弟弟将试卷藏在身后，不敢拿出来。哥哥一把抢过来，看到上面鲜红的89分，大笑着说："又是89分，你怎么1分都没有进步呀？"

哥哥的话，让弟弟的头埋得更低了。妈妈也很想说："是呀，你怎么一点儿都没进步呢？"可话到了嘴边，妈妈想到了弟弟平日里学习的场景，他每天都很认真地完成家庭作业，考试前的一个星期，他每天都刻苦复习，即便困了，也强打起精神来学习。虽然没有进步，可他真的非常努力，难道就因为努力没有成果，就否定他的努力吗？

想到这里，妈妈夹了一个大鸡腿放在弟弟的碗里，说道："你的努力，妈妈都看到了，一次成绩不能代表永远，只要努力了，就没有遗憾。"

听了妈妈的话后，弟弟原本闷闷不乐的脸上终于露出了微笑。

如果孩子确实尽力了，在自己的年龄段里应该知晓的知识也都具备了，那么还有什么好指责的呢？成长永远比成果更加重要。我们想让孩子更努力，就要及时看到孩子的努力，然后瞅准时机给孩子们加油鼓劲儿，这样孩子才能在遇到困难和挫折时勇往直前，永不气馁。

父母是孩子成长道路上的观察者和支持者。用爱和关注去看见孩子的每一次发光、每一点儿进步，是对孩子最大的共情和支持。

别总盯着孩子的缺点看

假如现在给你 3 秒钟，让你说出孩子身上的 3 个优点，你能说出来吗？相信很多家长要想一想才能说出来；但如果给你 3 秒钟，让你说出孩子身上的 3 个缺点，相信很多家长会脱口而出。这也是在管教孩子的过程中我们常常感到焦虑的原因，我们的目光总是聚焦在孩子的缺点上。

这种挑剔式的教育方式不仅难以帮助孩子改正错误，而且可能会打击他们的自尊心，阻碍他们的健康成长。

语文课上，老师给大家讲天文学家张衡小时候的故事，讲到张衡数星星的情节时，一个小男孩儿举起手来说："老师，我小时候也爱数星星。"老师赶紧夸奖道："那说不定你长大以后也会成为一名天文学家。"

"才不是呢！"小男孩儿说，"我妈妈说，天上的星星数不清。"

另一个小男孩儿紧跟着说："老师，我小时候梦想当

27

一名航天员，把我妈的眼镜戴在了脑袋上，结果我妈给了我一巴掌，说我在做梦，还把她的眼镜弄坏了。"

两个同学的发言引起了班里越来越多学生的"诉苦"。有的说："我小时候喜欢恐龙，做梦都想捡到一块恐龙化石，可我妈把我捡到的石头都扔了，说上面都是细菌。"有的说："我小时候在我家墙上画画儿，我妈罚我站了两个小时，站得我以后再也不想画画儿了。"

孩子的苦水越倒越多，老师越听越心疼。孩子们身上的闪光点，就这样被家长忽略甚至是磨灭了。

积极心理学创始人塞利格曼认为：成就和幸福的核心在于发现优势，而不是纠正弱点。孩子们身上散发着与生俱来的个性气质，我们与其揪着孩子的缺点不放，不如换个角度去发现孩子身上的闪光点，辅助孩子将闪光点放大。如果一个孩子能带着优势去生活和学习，就拥有了一种积极向上的力量。这股力量可以帮助他对抗生活和学习中碰到的一些挫折、心理困扰等，让他怀有一种信念：我可以，我有能力。

所以不要强迫一个不擅长音律的孩子去学习钢琴，即使他弹得不好，也不能批评他不够用心；也不要强迫一个没有审美细胞的孩子学习美术，即使他画得不够好，也不能责怪他不够细心。应该努力寻找孩子身上的闪光点，他或许成绩不够理想，但他人缘很好；他或许做事不够细致，但性格开朗活泼……当父母摒弃世俗对优秀的刻板定义，关注孩子的优点时，会发现你的孩子充满潜力。

那么，父母具体该怎样做呢？

撕掉孩子身上的标签

美国心理学家贝科尔认为："人们一旦被贴上某种标签，就会成为标签所标定的人。"而父母又是最容易给孩子贴标签的人，例如，孩子不爱说话，就说孩子"内向、胆小"；孩子遇到问题不爱动脑筋，就说孩子"懒惰"；等等。

从小被父母贴上标签的孩子，就像是马戏团里从小就被拴上了铁链的小象，就算有一天长大了，拥有了足够大的力气，却仍旧没有挣脱铁链的勇气。因为这些负面的标签就等于在给孩子做负面的心理暗示，对孩子的发展有潜移默化的作用，让他们向着这个标签的方向发展。

因此，父母不要一看到孩子的缺点，就给孩子贴上相应的标签，反而要刻意规避这些负面标签，以免负面的标签限制孩子的成长。

卡耐基是美国著名的人际关系学大师。由于年幼时丧母且缺乏适当的管教，他在童年时期表现出较多的顽皮行为，这导致他的父亲对他有一定的误解，认为他是一个难以管教的孩子。

卡耐基9岁那年，他的父亲娶了新的妻子，并指着卡耐基对新妻子说："亲爱的，希望你注意这个全郡最坏的男孩儿，他可让我头疼死了，说不定他就会在明天早晨拿石头丢向你，或是做出其他什么坏事，总之，他会让你防不胜防。"

听到父亲的话，卡耐基立刻就用一种充满敌意和挑衅的目光看着继母，似乎在证明父亲的话是对的。但是继母却丝毫没有生气，而是微笑着走到他身边，托起他的头看着丈夫说："你错了，他不是全郡最坏的男孩儿，而是最聪明的，但他似乎还没有找到可以发挥热忱的地方。"

继母的话让卡耐基感到十分惊讶，同时也十分感动。从那以后，他努力去寻找能够发挥自己热忱的兴趣点，最终在人际关系学领域大放光彩，并写出了《人性的弱点》这本畅销书。

撕掉贴在孩子身上的标签，不管这标签是正面的还是负面的。当孩子表现不错时，父母也不要夸大其词，因为那样很容易让孩子迷失自我。如果孩子一旦发现自己并不像父母所说的那样优秀时，他们便会对自己的优点失去信心，对父母的话产生怀疑。

不要放大孩子身上的问题

在教育孩子的过程中，大人往往极易对孩子产生高期待，有着完美主义倾向，常常根据孩子的某一个缺点将问题行为无限放大，在一些细枝末节的问题上揪住不放，却忽略了更大、更严重的问题。

公园里，一个妈妈带着两个孩子在玩耍，哥哥大约七八岁的样子，妹妹 3 岁左右，兄妹俩正在玩滑梯，玩着玩着，两个人争吵了起来。妹妹说不过哥哥，便哭着向妈妈告状，说哥哥欺负她。哥哥在一旁，急着为自己辩解，但妈妈却选择了相信妹妹，根本不管哥哥说些什么，对着哥哥就是一顿批评："你都多大了，跟一个 3 岁的孩子计较，你就不知道让着点儿妹妹吗？"

最后，妈妈强逼着哥哥给妹妹道歉，并告知哥哥，如果不道歉，那就立刻回家，不要在外面玩儿了。最终哥哥选择了妥协，带着哭腔给妹妹道了歉，然后便躲到一边大哭了起来。

关于哥哥有没有欺负妹妹的问题暂且放一边，或许妈妈觉得"以大欺小"不对，需要好好管教一下哥哥，却忽略了更加重要的问题，那就是兄妹之间的矛盾，不是简单的一句"对不起"就能解决的。孩子需要的是学会如何解决矛盾，而不是将矛盾"大事化小，小事化了"。如果两个孩子学不会和睦相处，学不会处理彼此之间的问题，那么矛盾依旧还会爆发。简言之，就是给妹妹道歉是"小"，教会两个孩子友好相处才是"大"。

在管教孩子的道路上，不要犯这样"丢了西瓜捡芝麻"的错误。当我们发现孩子身上出现一些问题时，先别急于批评和否定孩子，试着换一个角度去看待这个问题，把握住发展过程中的大方向，远比抓住一些小细节、小问题更重要。

请看到孩子的优点

当父母学会用发现的眼睛去看见孩子身上的优点或良好行为，给予其展现优点或良好行为的机会，及时表扬，孩子的优点或良好行为就会因为得到了强化而不断出现。

佳佳是个表达欲非常强的小女孩儿，老师不止一次跟佳佳妈妈反映，孩子上课总是跟同桌说悄悄话，这样下去不但耽误了自己的学习，也会影响其他同学学习。

开始时，妈妈觉得佳佳可能还小，自制能力差，回家就叮嘱了几句。次数多了，妈妈也有些生气，本打算狠狠地批评佳佳一顿，但佳佳爸爸却说："我觉得爱说话不是孩子的问题，是老师的问题，老师只看到她爱说话了，没看到她表达能力强，只会一味地压制孩子，不会让孩子发挥所长。所以，我觉得我们先不要批评孩子，找个机会跟老师沟通一下。"

正当妈妈冥思苦想如何跟老师沟通时，学校举办了演讲比赛。每次这样的比赛，都是老师做主，从班里选几个平时表现优异的孩子去参加。这一次，佳佳妈妈主动找到了老师，希望能够为佳佳争取一个名额。在妈妈的努力下，佳佳参加了演讲比赛。由于孩子口才非常出色，因此获得了这次演讲比赛的第一名。随后，佳佳又代表学校参加了市里的演讲比赛，同样得了个一等奖。

　　佳佳所取得的成绩让老师对她刮目相看，上课时，只要佳佳举手回答问题，老师通常都会点到她。老师惊奇地发现，经常上课回答问题的佳佳好像不那么爱说悄悄话了。

　　如果家长多看到孩子的优点，而不是盯着他的缺点，多强调孩子的成功，而不是总提他的失败，多发掘孩子的可能性，而不是限定他的行为，那么家长就会发现改变孩子并非难事。

　　在普通父母的眼中，孩子的缺点大于优点。而在智慧父母的眼里，孩子的优点、缺点都是特点。当父母学会用期待的眼光看待孩子时，教育，就成功了一半。

第2章 教育的最终目的，
是让孩子成为他自己

　　纪伯伦曾说："你的孩子其实不是你的孩子。乃是'生命'为自己所渴望的儿女。他们是借你们而来，却不是因你们而来，他们虽和你们同在，却不属于你们。"我们培养孩子的最终目的，不是让孩子成长为另一个自己，也不是让孩子成为我们理想中的模样，而是让孩子成为宝贵的自己。

　　真正的爱，是尊重。父母可以引导孩子的行为，但不能操控他们的人生。孩子有自己的思想，有自己的憧憬，父母能做的最正确的事情，就是给孩子足够的水分和养料，不管最后开什么颜色的花，都能发自内心地为他鼓掌。

有主见的孩子，从说"不"开始

"听话"，几乎是父母管教孩子中出现频率最高的词语。父母希望自己想要孩子做什么，孩子就做什么，孩子绝不能质疑父母，只需要服从父母。似乎只有孩子听话，才能证明自己的教育是成功的。可事实上，只要求孩子听话，不允许孩子说"不"，非但不是教育成功的标志，还会让孩子一点点丧失自我。

因为反抗是孩子顺利成长的标志，是孩子的人格、个性和独立性正常发展的标志。如果父母不允许孩子说"不"，孩子的独立人格就得不到良好的发展，这样的孩子往往自我认定程度低，遇事没有主见，唯唯诺诺，只会在心理上依赖别人而生存。同时，在人际交往的过程中也不敢说"不"，成了人们眼中的"老好人"。就算他们自己想改变这种现状，也缺乏足够的勇气。

孩子是一个独立的个体，父母允许孩子说"不"，并不意味着父母向孩子的抗拒屈服，而是父母尊重孩子的表现。

妈妈带雯雯到商场买衣服，妈妈看中了一条碎花的连衣裙，女孩子穿起来温柔大方，妈妈要求雯雯试试时，雯雯却一脸嫌弃地说："我不要这条裙子，我不喜欢。"

这么好看的裙子，女孩子怎么会不喜欢呢？妈妈不死心，继续劝说道："你试试看嘛，也许穿上好看呢！"

"我不喜欢，我不想试。"雯雯态度非常坚决。

妈妈没办法，只好放弃了这个想法，继续为雯雯搜寻着合适的款式。忽然，雯雯指着一条牛仔裤说："妈妈，我喜欢这条牛仔裤。"

妈妈一看，好家伙，一条腿上破了三四个洞，另一条腿上还打着补丁，腰上又挂着许多丁零当啷的金属制品。

"这……这适合学生穿吗？"妈妈有些犹豫，这裤子太时尚了，也太惹人注目了。

"可是我喜欢，我不在学校穿，就休息时候在家穿，可以吗？"雯雯祈求妈妈道。

"那，那你就试试吧。"妈妈勉强同意了。

结果雯雯穿上还挺好看，浑身散发着"酷"的气质，还显得腿又长又细。既然孩子喜欢，穿上也好看，雯雯妈妈便痛快地付了款。

付款时，售货员忍不住对妈妈说："现在这小孩儿，个顶个儿的有主见。"

妈妈听了，深有感触地点了点头。

当孩子敢于在父母面前说"不"时，父母应该感到庆幸，这说明孩子正在长大，开始有了自己的思想。父母应该对孩子说："真不错，小家伙居然已经学会独立思考了！"或者说："呵，还挺有个性啊！"

合格的父母是能够正确引导孩子了解世界的人，而不是把自己的思想强加给孩子。父母允许孩子说"不"，允许孩子自由地选择自己喜欢的生活方式，允许和尊重孩子提出自己的意见，才有助于他们自主、独立的个性发展，才能建立和谐的亲子关系，同时也有助于亲子沟通的良性发展。

父母最大的职责不是如何去教育孩子，而是如何引导孩子独立健康地成长。给孩子自由，尊重孩子说"不"的权利。一个懂得说"不"的孩子，首先是尊重自己的，他重视自己内心真实的感受和想法，自我价值感高，自我完善的动力更强；其次，他是有主见的，敢于提出和别人不一样的意见，而不是人云亦云；最后，敢于说"不"的孩子，界限感明确，通常也能接受别人对自己的拒绝，不会对别人所传递的情绪过于敏感，能够建立更加纯粹、健康的人际关系。

那么，父母怎么培养敢于说"不"的孩子呢？可以从以下两个方面着手。

允许孩子对父母说"不"

俗话说："不在沉默中爆发，就在沉默中灭亡。"总是被要求听话的孩子，要么就是到了成长的某一阶段突然开始叛逆；要么就是长期压抑，形成"讨好型"人格，习惯委屈自己，过着不快乐的人生。

孩子作为拥有独立人格的个体，拥有自己的情绪与想法是非常正常的。父母应当尊重孩子的感受及观点，允许他们表达不同意见或拒绝某些要求。不应简单地将孩子的这种行为视为无理取闹或是调皮捣蛋。相反，应该耐心倾听孩子的声音，尝试从他们的角度出发去理解其背后的原因。对于那些合理的需求，应予以满足；而对于合理的想法，则应鼓励孩子按照自己的意愿行事，并教会他们为此承担责任。

如果发现孩子总是表现得过于顺从，那么家长们反而需要反思自己的教育方式，看看是否无意中限制了孩子说"不"的权利。

教会孩子对伙伴、对陌生人说"不"

拒绝他人是每个人的权利，本不需要提供理由。然而，很多父母并不理解这一点，他们一味地教育孩子要学会谦让和忍让。当孩子不想让出自己的权利而拒绝别人时，却遭到父母的严厉批评。

东东家里来了小客人，小客人一进来便被东东刚买的遥控汽车吸引了，想要拿过来玩儿。东东感觉自己的权益受到了损害，所以抱着遥控汽车的遥控器死活不肯撒手。小客人抢不过，便哭了起来。妈妈见状，赶紧对东东说："东东，你是哥哥，你把小汽车给弟弟玩一会儿，乖呀。"

东东听了，反而将遥控器抱得更紧了，妈妈用力拽了半天，才从东东怀里拽出来。当遥控器离开东东怀抱的一瞬间，东东"哇"的一声大哭起来。

孩子有谦让的品质固然是好事，但过度强调孩子要礼貌、谦让和懂得分享，却忽视了他们自身的感受，这实际上是本末倒置的做法。在这样一种教育环境下成长起来的孩子，可能会逐渐习惯将他人的需求置于自己之前，从而忽略甚至压抑了自我需求的重要性。

事实上，只有当孩子们经历过"自私"的阶段——能够自由决定如何处理属于自己的东西时，他们才能真正学会何为分享；同样地，也只有首先学会尊重并理解自身情感与需求之后，才能更好地去体谅别人的心情。

因此，父母不要只教会孩子谦让，还要告诉孩子，如果不愿意，可以拒绝别人并说明原因，同时教会孩子拒绝别人时，如何用正确恰当的语言来表达自己。

允许孩子说"不"，这并不意味着父母事事都要顺从孩子，也并不意味着孩子可以不遵守规矩，而是做讲究民主的父母，会尊重和引导孩子的想法。

倾听，打开孩子心灵的钥匙

在孩子小的时候，往往与父母"无话不说"，有的孩子话多到让父母不胜其烦的地步，可随着孩子年龄的增长，有的孩子和父母之间的交流越来越少了，亲子之间的沟通变得越来越难，有的甚至到了"无话可说"的地步。

俗话说："冰冻三尺，非一日之寒。"孩子从"无话不说"到"无话可说"，也并非一朝一夕的事情。一直以来，父母在亲子沟通中都处于主导的地位，父母说得多，孩子听得多。不少父母认为，既然是管教孩子，当然要多说了，不说话怎么管教孩子呢？而孩子处在被动的位置，没有发言权，有的时候孩子刚说两个字，父母就借题发挥，说个没完没了；只要认为孩子做得不对，就会马上对孩子进行指责和埋怨；当孩子想要解释时，往往孩子刚刚开了一个头，就被无情地打断，至于孩子究竟要表达什么，甚至没有耐心听下去。久而久之，孩子便不愿意说，也不愿意听从父母的管教了。

　　乐乐妈妈正在上班，突然接到班主任的电话，得知乐乐在学校与同学发生了冲突，并不慎将同学头部打出一个包。目前对方家长情绪激动，要求乐乐妈妈尽快到学校处理此事。

　　乐乐妈妈放下电话后，火急火燎地赶到了学校，一进老师的办公室，就看到了站在角落里的乐乐，乐乐看到妈妈，心里委屈极了，他不是故意打人的，是那个同学抢了他的橡皮，他们在争夺过程中，对方一头撞在了桌角上。可乐乐刚叫了一声"妈妈"，就被妈妈的责骂声粗暴地打断了："跟你说了多少回了，不要在学校惹事，你怎么这么不听话呢？"

　　"我，我……"乐乐支支吾吾，努力想说出打架的原因。

　　"我什么我？还有什么好说的！人家同学的头都破了。"

　　乐乐听了，委屈的眼泪吧嗒吧嗒地掉了下来。

　　"还哭！打架你还委屈了？不许哭了，赶紧跟同学道歉去。"说着，妈妈用力将乐乐推向那名受伤的同学。

　　乐乐泪流满面，抽噎着道了歉。回家的路上，不管妈妈对乐乐说什么，乐乐都不愿意理妈妈。

管教孩子，离不开沟通，但沟通的前提是，孩子愿意听我们说话。而让孩子愿意听的前提是，我们说的正是孩子愿意听的。孩子愿意听什么呢？就得从倾听孩子的内心开始了。如著名教育家周弘所说："要想和孩子沟通，就必须学会倾听。倾听是和孩子有效沟通的前提。不会或者不知道倾听，也就不知道孩子究竟在想什么，连孩子想什么都不知道，何谈沟通？"

那么，父母如何"听"，孩子才会"说"呢？

上了初中后，洋洋向父母提出了住校的要求。对此，父母感到不能理解，因为学校离家并不远，为什么一定要住校呢？更何况还是女孩子，住在家里多方便。于是爸爸问道："在家住得好好的，为什么非要住校呢？住校有什么好的。"

爸爸的语气让洋洋有些不敢说了，还好妈妈看出了洋洋的欲言又止，柔声说道："爸爸是担心你住校吃不好，住不好，所以语气有些着急。你能跟我们说说你想要住校的原因吗？也许我们听了你的理由，就同意了呢。"

妈妈说完，真诚地看着洋洋，等待着她的答案。洋洋这才大胆地开了口，说道："我和奶奶住在一个房间里，感觉挺不方便的。奶奶晚上睡得早，可我有时候想多看会儿书，奶奶就会一直催我赶紧休息。奶奶还总帮我收拾书桌抽屉，我都让她别收拾了，她也不听，经常害得我找不到东西……"洋洋说到这里时，爸爸已经气得快要坐不住了。

　　爸爸觉得奶奶将洋洋从小带到大，现在奶奶岁数大了，她却开始嫌弃奶奶了，简直就是不孝顺的表现。爸爸正准备教训洋洋时，妈妈及时按住了爸爸的手，说道："你先让孩子把话说完。"

　　得到了妈妈的支持，洋洋继续说了下去："所以我就想选择住校，这样晚上奶奶也能早点儿休息，我也不用担心睡得晚会影响奶奶。再说，我已经长大了，可以照顾好自己。"

　　听完洋洋后面的话，爸爸才明白孩子的真实用意，原来孩子并不是嫌弃奶奶，更多的是怕影响奶奶休息。爸爸妈妈经过商量后，同意了洋洋的住校要求。

　　倾听孩子，需要父母拿出足够的耐心来。孩子因为年龄还小，往往无法在短时间内将自己的想法表达清楚，他们或许要铺垫很久才能进入正题，或许要"东拉西扯"一番，才能将内心的想法说清楚。所以，父母要耐心地让孩子把话说完，并且在孩子不知道怎么说或是不敢说下去时，及时引导、鼓励孩子往下说，这样才能全面了解真实的情况，让孩子可以痛快地表达自己的真实想法。

　　另外，倾听孩子的表达时，不要指责和批评。不打断、不评判的谈话是高难度的谈话。越是与亲近的人沟通，越容易打断和评判。如果孩子正在说话，就被父母打断，会让孩子感到不被尊重。相反，若是父母能暂时收起自己的观点和看法，先保持着好奇心去听孩子讲话，那么会给亲子沟通带来一个良好的开端。

同时，认真倾听不代表只听不说。当孩子向父母描述一些事情或是感受时，父母要及时回应孩子的话语：可以是在孩子询问时，发表一下自己的观点，也可以是关注到孩子的情绪变化时，及时回应孩子的情绪。

所有的梦想，都值得被尊重

"望子成龙，望女成凤"，已经成为父母的普遍期望。因此，父母经常会问孩子一个问题："长大以后干什么？"如果孩子的回答是科学家、企业家、舞蹈家、运动员……这样"高大上"的职业，父母就会眉开眼笑，称孩子有理想、有志气；但如果孩子的回答是小商小贩、清洁工等，就会被父母视为没出息的表现。

快过年了，小文家雇了一位保洁工人收拾家里的卫生。小文看着擦窗工人一手拿着抹布一手拿着刮板，三下五除二就将一块蒙尘的玻璃擦得一尘不染，远远看去，就好像没有玻璃一样。小文看完，觉得太神奇了，忍不住自言自语道："擦玻璃可太有趣了，我长大以后也要当擦玻璃的工人。"

坐在沙发上的奶奶听到了，立刻皱着眉头说："你怎么这么没出息呀！你爸爸妈妈每年花这么多钱培养你，你以后就当个保洁工人？"

奶奶的话就像是一盆冷水，将小文从头淋到脚。小文想不明白，明明擦窗工人很厉害呀，为什么就成了没出息的人呢？

后来，当别人问到小文长大以后要做什么时，小文总是不知道该回答些什么，他怕他说出来的梦想又被人嘲笑。

所有的梦想都值得被尊重，关键在于父母是否支持孩子去追寻这些梦想。前者体现了对孩子的认可，后者则是对现实进行权衡利弊后的深思熟虑。对于孩子而言，尤其是年幼的孩子，他们可能还不懂得什么是鸿鹄之志，也不明白燕雀与鸿鹄的差别，他们只是在表达内心最真实的想法。这些想法或许显得天真幼稚或天马行空，但往往能反映出孩子的兴趣所在，同时也是他们对"美好"的向往。只要父母能够给予有效的引导，这些梦想便能转化为孩子努力奋斗的动力。

让孩子朝着自己梦想的方向成长，总是要强过让孩子按部就班地成长，因为，这样做会让孩子的未来充满无限可能。但前提是，父母能够呵护他们小小的梦想，让它生根，为根系提供足够的营养；让它发芽，为新芽提供必要的保护，最终让梦想开花，长成参天大树。

那么，父母具体该如何做呢？

不要嘲笑、否定孩子的梦想

当孩子兴致勃勃地跟父母谈起他们的梦想时，不管他们的梦想是否合理，是否符合实际，父母都不要嘲笑或是否定孩子的梦想。因为孩子的根本目的不是听取父母的意见，他们只是想要寻求共鸣，希望得到父母的支持。如果这个时候，父母认为自己比孩子经验丰富，比孩子学得多、懂得多，便拿出高高在上的姿态来评价孩子的想法，就会让孩子的自尊心受挫，以后他再有大胆的想法时，也不愿意跟父母分享了。

不要对孩子的梦想感到失望

孩子从小就拥有远大的梦想固然令人欣喜。但如果孩子的梦想不够远大，父母也不必对此感到失望。因为在孩子心中，任何他们想要追逐的梦想都是同样重要且伟大的。如果父母对孩子的梦想表现出轻视，会让孩子产生自我怀疑。更何况，职业本身并无贵贱之分，其最终目的都是为社会和人类做贡献。许多人在平凡的岗位上创造了非凡的成就，同样赢得了人们的尊敬。因此，与其向孩子灌输何为有本事、何为没出息的观念，不如用心思考如何帮助孩子将看似平凡的小梦想转化为推动人生前进的强大动力。

梦想若不可取，就具体情况具体分析

如果孩子的梦想完全不可取，父母是否还要继续支持和肯定呢？当然是不能支持。如果孩子的梦想带有明显的违法、犯罪或是反人类的倾向，那我们必须及时制止并进行正确的引导。先去挖掘孩子梦想背后的初衷，然后再朝着正确的方向引导孩子前进。

　　还有一种情况是，孩子的梦想可能并不符合现实，或者基于孩子目前的条件来看，实现起来极为困难。例如，孩子可能会梦想拥有超能力成为超人。这可能是因为孩子在设定目标时没有充分考虑其可行性，忽视了实现目标的难度，或者还不懂得如何通过努力来逐步接近目标。面对这种情况，父母可以帮助孩子分析现实，并为孩子指出一条可行性的方案。如果孩子真的照着去做了，那么结果怎么样都不重要，至少孩子在努力的过程中会有收获。如果孩子知难而退，那也不是父母否定的结果，而是他们自己的选择。

　　当父母能够从孩子的角度出发，去理解他们的感受，认同他们的情绪，并尊重他们的想法时，孩子会变得更愿意对父母倾诉，给父母了解他们的机会。同时，父母的尊重能够让孩子产生"自主感"，他们认为未来掌握在自己的手中，也明确地知道自己应该朝着哪个方向努力，因此他们会有目的地进行自我管理，让自己变得更加优秀。

孩子有"边界"，父母别越界

什么是边界意识呢？所谓"边界意识"，就是"你是你，我是我，我们是不同的个体，即便关系再亲密，也有相互独立的部分。我们必须尊重对方独立部分的存在，不随意侵入"。

老一辈的父母，与子女的边界意识十分模糊，即便子女已经结婚生子，父母也会不打招呼就去，不敲门推门就进。如果子女表示抗议，父母就会觉得很委屈，认为子女翅膀硬了，不需要父母了，所以开始嫌弃自己了。

随着时代的进步，父母们已经进步了许多，但边界意识依旧有待提高。尤其是在孩子成长的过程中，很多父母不允许孩子有秘密，也不允许孩子有私密空间，他们会以自己的方式渗透到孩子人生的各个方面。

小时候，聪聪就是妈妈的小跟班，妈妈走到哪里，他就跟到哪里。但上初中后，聪聪变了，每天放学一回到家，就钻进自己的房间里，房门一关，只有在叫他吃饭的时候，他才出来，吃完饭，就又回到自己的房间。

聪聪在房间里干什么呢？每每看到聪聪紧闭的房门，妈妈都忍不住这样想。为了知道聪聪在干什么，妈妈经常找理由进去看看，有时候端个果盘，有时候端杯牛奶，有时候进去找东西。而且妈妈每次进去都不敲门，直接推门而入。

有一次，聪聪正在提交英语语音作业，妈妈忽然推门而入，并说道："聪聪，你吃苹果吗？"被打乱了朗读节奏的聪聪心里十分不悦，责怪妈妈道："妈，你下次进来能不能先敲敲门？"

妈妈听了，赶紧说："不好意思，妈妈下次一定敲门。"

嘴上这样说着，妈妈心里却在想：难道这是有秘密了，怕我发现，所以让我敲门？

因此，有时候聪聪开门开慢了，妈妈就会追着聪聪问："你在屋里干吗呢？怎么这么半天才开门？"

"我什么也没干，我看书呢！"聪聪说道。

但妈妈觉得聪聪是在敷衍她，就算是看书，也不影响开门哪。想到这里，妈妈越发担心，孩子已经进入了青春期，万一他在房间里上网聊天，网恋怎么办？万一背着父母悄悄打游戏怎么办？万一他浏览不良网站怎么办？……

怀疑的种子一旦种下，妈妈的心里就越发不安起来。每天聪聪前脚上学走，妈妈后脚就溜进聪聪房间，翻开枕头看看，有没有私藏电子产品；翻开抽屉看看，有没有什么跟学习无关的用品；甚至还会翻开垃圾桶看看……

这就是典型的越界行为。喜欢越界的父母总是表现出对孩子的极度关心，但事实上，他们眼里没有孩子，他们只是变相地表达了对孩子的不信任和不尊重。尽管都是打着"关爱"和"教育"的旗号，但传递的总是令人厌烦的气息，孩子不会从中体会到爱和温暖，只会感觉到被侵犯。

要想成为尊重孩子的父母，就要学会尊重孩子的自我意识，学会尊重孩子的隐私，学会尊重孩子的心理边界。父母还要明白，要随着孩子的成长变化，适时调整自己与孩子之间的距离。在孩子刚出生时，孩子与父母之间处于共生关系。这个时期的孩子，没有任何个人意识，不分边界，认为自己与父母是一体的。但是这种关系的持续期非常短，大约孩子6个月后，就会从这种共生关系中分离出来，进入分离与个性化阶段，成为一个拥有自我意识的个体。等孩子3岁左右时，就已经初步具备了个性化的自我，具有独立的个性，从这个时候开始，孩子就已经开始想要做自己了。

姣姣五年级的时候，妈妈发现她有了小秘密。那天，姣姣去上学了，妈妈在收拾房间的时候，发现姣姣的桌子上放着一个很精致的本子，而且上着锁。妈妈拿起来看了看，好奇里面到底记了些什么内容，为什么还要上锁呢？想到姣姣活泼开朗，面容姣好，妈妈有些担心姣姣早恋。早恋意味着与人近距离交往，而孩子跟什么样的人交往对孩子成长的影响非常大。想到这里，妈妈不禁有些焦虑，急切地想要打开锁一看究竟。

可当妈妈真的找来东西撬锁时，又觉得既然孩子锁上了，那一定是不想被人看到。如果自己通过暴力撬锁的方式知道了孩子的秘密，孩子会是什么反应呢？或许再也不会相信自己了，或许会很生气，或许……经过了一系列的心理挣扎后，妈妈最终还是将本子原封不动地放在了桌子上。

中午放学后，姣姣一进家就冲进了自己的房间，不一会儿怀里抱着那个本子走了出来，嘴里还说着："吓死我了，我还以为丢了呢！"

妈妈见状，赶紧问道："这是什么本子呀，跟个宝贝似的！"

"这里面记着我的秘密呢！"姣姣回答说，随即"审问"妈妈道："妈妈，你没悄悄打开看吧？"

"我是想打开来着，可是你上锁了，我想你应该不想让我看，所以我就没看。"妈妈实话实说道。

被妈妈看穿了心思，姣姣有些不好意思地说："也不是不想让你看，我是怕你看了会生气，因为我有时候会在里面说你的坏话。"

"什么？说我的坏话！"妈妈故作惊讶，实则心里的一块大石头落了地，说妈妈坏话不算什么，谁还没有个宣泄情绪的时候了，只要不是早恋了就行。

姣姣看着妈妈哭笑不得的样子，笑着说："我要把你刚刚的样子也写下来。"

当孩子开始关上自己房间的门时，父母就要学会敲门了；当孩子有了上了锁的日记本，父母就要学会不该问的别问了；当孩子有了自己的交际圈子时，父母就要学会默默地注视他的成长了。有人说，父母的爱，就是一场得体的退出。随着孩子的成长，将更多自由的空间留给孩子。

做有尊严的父母，不去抓孩子的什么把柄，懂得呵护孩子的面子，维持自己的修养，不去窥探孩子的秘密，始终和孩子之间保持亲密却有度的距离。无私地爱着并尊重孩子是父母一生的修行。

孩子虽小，但责任不可少

有的父母认为，孩子那么小，能担起什么事，所以常常跟在孩子屁股后头收拾残局。小时候，孩子不吃饭，父母怕孩子饿着，追着孩子喂饭；等到孩子大一点儿，作业写慢了，父母怕孩子跟不上，天天监督孩子写作业；等再大一点儿，孩子不想读书了，家长更加着急，孩子要什么给什么，只要愿意去读书……教育的悲剧，就这样一步步产生了。

在这个世界上，每个人的肩上都承载着一份属于自己的责任，这份责任需要独自去面对和担当，孩子也不例外。如果父母总是代替孩子承担责任，可能会导致孩子责任感缺失，使他们在未来更加随意地犯错误，甚至可能变得爱惹是生非，因为他们知道总有人为他们的过失承担后果。

有一个男孩儿，在很小的时候妈妈就非常溺爱他。小时候，他用砖头打破了同学的头，学校要开除他，母亲便到学校赔礼道歉，甚至给老师下跪磕头，只求再给小男孩儿一个改过自新的机会。

小学毕业后，小男孩儿上了初中，每天抽烟喝酒打架，为了追求班里的一个漂亮女生，每天守在别人家门口。女生父母不堪其扰，选择了报警，被警察教育一番后，他不但不悔改，还做出了报复女孩儿父母的行为。妈妈知道这件事后，非但没有批评他，还对他说："不要把事情闹得太大，否则不好收场。"

初中毕业后，他没有考上高中，妈妈将他送去了部队，希望他能够在部队环境中成长为正直的人。结果，他受不了部队高强度的训练，一直嚷嚷着要回家。

后来，他因为调戏陌生女孩儿被部队开除了。没有学历，也没有一技之长的他，成了一名无业游民，没钱了就跟父母要，父母也没钱了，就去偷去抢。最后在一次抢劫中，被警察拘捕。

坐牢后，母亲利用手中的职权，多方奔走，为他办理了"保外就医"。就这样，他的名字在牢中，人却依旧逍遥法外。一次次地逃脱制裁，让他越来越猖狂。在一次纠纷中，他因失手杀人，再次被捕，这一次他被判了死刑，妈妈没办法再救他了，因为妈妈也因为"假公济私""包庇"等多项罪名被捕。

在记者的采访中，被抓的母亲没有流露出一丝丝"恨铁不成钢"和愧疚之情，反而十分自责，自责自己能力不够，没能帮到儿子更多。

千万不要认为孩子还小，等他长大了自然懂得承担后果。一个小时候就因为赖床迟到，便让父母帮他写请假条的孩子，长大了，依旧会寻找各种借口为自己迟到开脱；一个闯了祸，永远都有人为他兜底的孩子，就算长大了，也无法意识到闯祸的严重性。甚至有的父母认为孩子的职责就是学习，只要把学习搞好了，什么也不需要操心。

事实上，尽管学习非常重要，但人生远不止于此。如果一个孩子仅仅专注于课本而忽视了其他方面，那么他可能会变成一个只懂学习的书呆子，对生活中的其他事物一无所知；或者他会将学习视为一种沉重的负担，最终可能在压力之下崩溃。相反，那些具有责任感的孩子，则更有可能在这种压力中实现自我突破。

因此，要想避免悲剧，或者转变这样的家庭教育事故，家长必须有原则、有底线，不再替孩子承担。真正能够认同孩子的父母，是懂得放手的父母，是相信孩子"能行"的父母，是教会孩子如何承担起人生的责任和使命的父母，是能够让孩子成长为一个顶天立地的人的父母。

里根是美国第 40 任总统，在美国历史上，他可以说是深受美国民众喜爱的总统之一，并与华盛顿、林肯、罗斯福并称为美国最伟大的四位总统。

11 岁那年，里根在外面踢足球，不小心将球踢到了邻居家的窗户上，邻居家的窗户应声而碎。邻居要求里根赔偿 12.5 美元，这笔钱在当时可以买 125 只老母鸡。里根的父亲知道此事后，答应帮助里根垫付这 12.5 美元，但责任还需里根来承担，之后的一年里，里根需要分期还掉这 12.5 美元。

因此，里根过上了"节衣缩食"的生活，他每天想尽一切办法打工赚钱，终于在一年后攒够了 12.5 美元，还给了父亲。

里根成为总统后，有记者问里根是如何成为总统的，里根就给记者讲了这个故事，内心强大的责任感，让里根从一个好莱坞的演员成了万人敬仰的大总统。

认同孩子，就要相信孩子，相信孩子具有解决问题的能力。当父母放手让孩子自己想办法解决问题时，会发现孩子并不像我们想象的那么弱。如果这期间孩子需要父母的帮助，那父母也要告诉孩子，提供帮助可以，但这本该是他自己应承担的责任。需要注意一点，让孩子承担起责任时，父母不要说一些冷嘲热讽的话语，也不要说类似"我早就提醒过你了，谁让你不听的"这样的话。

一个生命，从小到大，必然要经历困难、挫折，摔一些跟头，踩一些坑。不经历风雨，怎么见彩虹？不经历挫折，怎么成大器？今天父母总是替孩子承担责任，那将来谁又能替他们收场呢？

第3章 穷养富养，
都不如爱的供养

父母爱孩子，却总是喜欢挑剔孩子，但是孩子爱父母，却是源自天然，无论父母有多少缺点。究其原因，在于父母无法完全接纳一个身上有很多缺点的孩子，但是孩子却可以。当父母愿意接纳自己孩子的不足时，其实也就是接纳了自己的不完美。父母不会再因为自己不够合格而充满纠结，孩子也不会因为父母的挑剔而百般苦恼，这样的亲子关系，想不和谐都很难。

爱孩子，哪怕他不完美

在这个世界上，没有不爱自己孩子的父母，但是为什么孩子却感受不到父母的爱呢？原因就在于父母的表达方式出了问题。

在一些孩子眼中，父母的爱似乎带有条件。当他们表现出色，赢得父母的赞许时，便感受到被爱；反之，若行为不端，惹得父母不悦，则仿佛失去了这份爱。于是，孩子们觉得只有乖巧才能获得父母的宠爱，一旦调皮捣蛋，便会失去这份关爱。然而，多数情况下，孩子们难以满足父母的期待，这导致他们在大多数时间里感觉自己得不到父母的爱。

爸爸带着涛涛参加一个亲子活动。第一次离开妈妈，涛涛情绪有些低落，结果手臂还在活动中受伤了，所以吃饭的时候，涛涛就有些闹情绪，不愿意好好吃饭。爸爸见状，非但没有安慰涛涛，还直接将他带离了饭桌，让他在走廊面壁思过。

爸爸的做法让涛涛有些不满，在活动休息期间，便赌气不跟爸爸说话，爸爸让他回房间睡觉，他也不回。其实，那个时候，他希望爸爸能过来哄一哄他。结果爸爸叫了几遍之后没有回应，便狠心将涛涛关在了门外。涛涛顿时升起一种被抛弃的恐惧，于是连忙跟上前去，讨好般地表示自己会好好表现。

活动结束后，老师让每位小朋友总结这一次的亲子之行。轮到涛涛时，涛涛说："我希望爸爸能多爱我一些，因为我感觉他对我的爱很少。"

每位家长都渴望子女乖巧、明理且卓越非凡……然而，孩童在成长过程中难免会有过失，会有情绪波动，甚至有时行为令人不悦，毕竟，人无完人。过分追求孩子的完美，只会使他们产生距离感，进而可能在情感上与父母产生隔阂，甚至在生活中选择远离父母。父母对孩子的爱应当是无条件的，应当学会用一种完美的视角去欣赏那个不完美的小孩儿。

父母对孩子无条件的爱，是孩子失败了，不会嫌弃他"输不起"，而是鼓励他重拾信心，继续拼搏；父母对孩子无条件的爱，是孩子屡屡出错，也不会大发雷霆，而是和孩子一起探讨出错的原因；父母对孩子无条件的爱，是即便孩子没有达到优秀的标准，也不会给孩子施加压力，而是认识到孩子有自己的节奏，只要给孩子时间，孩子就会慢慢变好；父母对孩子无条件的爱，是即便孩子撒谎了，也不会上升到品质问题，而是告诉孩子比撒谎更好的解决办法是什么；父母对孩子无条件的爱，是从来不在乎别人的眼光，即便所有人都不看好你的孩子，你依旧懂得欣赏他，依旧能够看到他身上的"闪光点"。

父母在生孩子前都希望自己能生一个漂亮健康的小宝宝，尼克·胡哲的父母也不例外。然而当尼克·胡哲出生后，父母却被他的样子惊呆了，因为他只有躯干，没有双臂，也没有双腿。

在尼克·胡哲成长的过程中，痛苦时常伴随着他，有一次，他躺在浴缸里，想要结束自己这残缺的人生。结果因为身体太轻，他什么都做不到。庆幸的是，虽然父母没能有一个健康的宝宝，但是父母对他的爱却没有减少半分。

当尼克·胡哲羡慕同学们可以奔跑，可以画画儿时，父母却对他说："你虽然不能奔跑、画画儿，但你还有其他事情可以做呀。"

就这样，在父母的鼓励下，尼克·胡哲学会了做很多事，他学会了思考，学会了照顾自己，还学会了游泳……还试着去挑战更多自己没有做过的事情。渐渐地，身体的缺陷不再是他难以启齿的问题，反而成了他演讲时调侃自己的素材。

赞可夫说："漂亮的孩子人人喜爱，爱难看的孩子才是真正的爱。"也许你的孩子很平庸，甚至还存在一些缺陷，但是作为父母，千万不要轻易否定孩子。因为只有当父母能够坦然接纳孩子的一切时，孩子才能学会自我接纳，进而勇敢地正视自身的能力与局限，避免因过分关注自身的缺陷而停滞不前。

爱孩子，就要无条件地接纳孩子，接纳孩子的平凡，接纳孩子身上所有好与不好的方面。父母爱孩子的理由，永远只有一个，那就是"这是我的孩子"。

养家和陪娃，可以不冲突

网上曾经流传这样一句话："我抱起砖就没办法抱你，我放下砖就没办法养你。"这是许多身在职场的父母，尤其是妈妈，在面对需要陪伴的孩子时，最真实的心理写照。

在真实生活中，有的妈妈选择了抱砖，因为她们觉得比起陪伴，给孩子创造更好的物质基础更加重要；有的妈妈选择了辞职带娃，因为她们觉得比起物质条件，孩子的成长更加重要。选择抱砖的妈妈会因为缺少对孩子的陪伴而心生内疚，孩子身上出现的一点儿问题，她们都会归咎到自己身上，认为是自己没时间陪伴导致的；而选择陪娃的妈妈会因为牺牲了自己的职业生涯而惋惜，尤其是跟社会脱轨的时候，内心免不了会埋怨孩子，认为是要陪伴孩子的缘故，牺牲了自己的职业前途。无论哪种选择，总有遗憾掺杂其中。

暂且不论陪伴与物质基础孰轻孰重，试问工作是否真能繁忙至一丝陪伴孩子的时间都无法挤出？在这个多元的世界里，解决方案往往多于难题，兼顾事业与亲子时光并非不可能完成的任务。

馨月是一位80后宝妈，同时也是一位拥有100多个员工的公司老板。她每年要录制1000期左右的节目，除国家法定节假日外，她几乎全年无休。再加上偶尔参加的活动和外出旅游，她经常忙得自顾不暇。

然而，馨月却从未缺席过孩子的成长。孩子六个月的时候，馨月就带着孩子在演播室里录制节目。开始的时候，孩子还会打扰馨月的工作，但很快孩子就知道，妈妈工作的时候自己不能说话，不能哭。于是孩子小小年纪就锻炼出了极高的环境适应能力，只要馨月开始工作，孩子就坐在一旁悄悄看着。馨月下播后第一件事就是抱抱孩子，亲亲孩子，夸奖孩子做得好。有时候，馨月在台上采访嘉宾，孩子就坐在观众席认真地看着馨月。馨月会在换场或是嘉宾上场前跟孩子来个眼神互动，或是对孩子笑笑。每每这时，孩子都会露出十分满足的微笑。

馨月经常说："陪伴孩子的时间，就像攒钱一样。只要用心攒着，哪怕一天只有一点儿，累积起来也会变成一笔很大的财富。"

为了这一点儿时间，馨月也牺牲了很多。她从不应酬，也几乎不逛街，她抓住工作之余的每一秒去陪伴孩子。只要有孩子在身边，她就绝不看手机，不看电脑，专心致志地跟孩子聊天儿，陪孩子游戏。尽管陪伴的时间很零碎，却十分有效，孩子越来越优秀，而且跟馨月的关系十分融洽。

由上面的真实案例可知，工作和孩子从来就不是矛盾对立的两面，而是一体的。

身为父母的你们不妨观察一下周围的人，不难发现，多数在职场中表现卓越的人士，其对子女的教育同样出类拔萃。而一部分虽事业有成却子女教育欠佳的个例，其根源并非单纯因工作繁忙而无暇顾及家庭。更深层次的原因可能是他们将职业成功视为回避家庭的借口，不愿正视并履行家庭职责；或是个人性格上的局限，使他们缺乏承担家庭责任的能力。在此情境下，工作成了替罪羊，掩盖了真正的问题所在。

因此，不要用没时间陪孩子做借口了，鲁迅先生有句名言："时间就像海绵里的水，只要愿挤，总还是有的。"所以，只要你愿意，总能安排出时间来陪孩子。

下面为家长们提供一些思路，帮助家长们在养家与陪娃之间找到平衡。

幼儿时期，尽量陪伴

0～6岁是孩子成长的黄金期，现实中，不少父母认为这个阶段的孩子什么都不懂且难带，于是选择将孩子交给家中的老人来养育。等到孩子上学了，才将孩子接到身边，进行陪伴和教育。殊不知，这时候已经错过了陪伴孩子的最佳时期。

心理学家认为，0～6岁是孩子形成安全感和信任感的关键时期。如果父母能够在这个阶段给予充分的陪伴和关爱，孩子就能建立起对世界的基本信任，为未来的健康成长奠定基础。

在这期间，如果家庭经济状况较为宽裕，那么爸爸或妈妈中可以有一人选择留在家中照顾孩子；而若家庭经济比较紧张，需要夫妻双方共同工作来维持生计的话，则可以考虑让其中一方调整工作岗位，选择一个时间安排更为灵活但可能薪资较低一些的职位，这样既能保证收入来源，又能在一定程度上兼顾到孩子的成长。

甄莎原本是一名婚礼化妆师，孩子出生后便放弃了化妆师的工作，成了一名"全职妈妈"。在照顾孩子的过程中，甄莎对烘焙产生了兴趣，便自己买材料开始尝试。每当孩子睡着了，就是她在厨房研发新品的时间。

有人会问她："你不累吗？"甄莎的回答是："累呀，但我喜欢做蛋糕，做蛋糕的时候特别快乐，就不觉得累了。"

做出来的蛋糕多到吃不完，甄莎就送给朋友和左邻右舍，在朋友的肯定与支持下，甄莎做起了"家庭蛋糕工坊"，实现了赚钱带娃两不误。

带娃是一个辛苦的过程，但如果不想被社会淘汰，那么在这期间就不能放弃自我成长。无论是知识上的拓展、技能上的提升，还是培养新的兴趣爱好，都能为将来"复出"或是开展副业打下良好的基础。

青少年时期，沟通大于陪伴

孩子长大后，有了自己的交际圈，此时他们最需要的不再是父母无微不至的陪伴与照顾，而是一个心灵上的伙伴。如果父母能够觉察到孩子内心真实的想法，与他们进行无障碍沟通，并真正参与他们的成长，那么父母才能既像是老师，又像是朋友。

科学家爱因斯坦小时候对科学非常感兴趣，他经常向父亲提出一些关于科学的问题。尽管他的父亲不是科学家，但他总是很耐心地回答爱因斯坦的问题。在一次次的问答中，父亲发现了爱因斯坦对科学的热爱，于是在他5岁时，送给他一个指南针作为礼物。

年幼的爱因斯坦拿着指南针，心中充满了好奇：为什么无论他如何移动，指南针的指针总是指向北方？这个问题引发了他对物理学的兴趣，并对他后来的科学生涯产生了深远的影响。

美国儿童心理学家海姆·G.吉诺特曾说过："沟通，是爱的语

65

言。"亲子间的沟通，能帮助孩子找到自己擅长或者热爱的东西。这些东西发现得越早，对孩子来说好处越大。

做不到陪伴，就做个榜样

父母是什么样的人，就会教育出什么样的孩子。父母的人格和品性比他们对孩子说了什么、做了什么更为重要。因此，如果你陪伴孩子的时间很少，那就要努力做一个优秀的人，用你认真工作的态度、敬业负责的精神、全心全意的努力以及面对困难时不屈不挠的坚韧品格去影响孩子。

需要工作的时候，对孩子如实陈述，甚至可以让孩子帮忙；当工作中取得成绩时，一定要与孩子分享快乐，感谢孩子的支持和帮助；当工作遇到困难和挫折时，可以适当表达伤心，接受孩子的鼓励和安慰。

该工作的时候好好工作，能陪孩子的时候，就放下手机，认真听孩子说话，体会他们的喜怒哀乐，陪他们做喜欢的事，关注他们的情绪与需求，相信只要让他们感受到父母的爱、关注、鼓励和支持，就一定能健康成长。

陪伴走点儿心，日后少操心

作家莫言说："孩子的优秀，都浸透着父母的汗水。"意思是说，优秀的孩子都是父母陪出来的。然而还有人说过这么一句话："有一部分孩子是有父母的'孤儿'，尽管有父母陪伴在身边，却没有传递内在心理支持的正能量。"

这两句看似矛盾的话，其实揭示了一个道理：陪伴孩子需要用心，不用心的陪伴不如不陪。

有的父母看似在陪孩子，实际上大部分时间在埋头玩儿手机，对待孩子的问题，一句"随便"就应付过去了；有的父母看似是在陪孩子参加各种活动，结果却让孩子和别的小朋友玩儿，自己则在一旁接电话、谈事情，忙得不可开交。

心理学家研究发现，对于3~11岁的孩子，父母参与度过低的陪伴，反而会给孩子造成负面的影响，会让孩子的内心变得极其敏感和脆弱。从客体关系心理学的角度来说，即便是婴儿，也能对养育者的心理活动以及情绪保持极其敏感的感知能力，他们能够透过抚养者的表情、声音、肢体动作来感知养育者的内在状态。

因此，如果父母陪在孩子身边，对孩子的回应总是被动且敷衍的，就等于没能与孩子建立起情感链接，没有链接就没有流动的爱。这样的陪伴与无陪伴没有太大区别。

博物馆外，一个妈妈和孩子吵起来了。

妈妈："为了陪你出来玩儿，我特地跟同事调了班，连着上了两个大夜班，下了班连床都没沾一下，就带你出来了。结果呢，进去了这也不爱看，那也不爱看，就嚷嚷着要回家，你对得起我的付出吗？"

孩子："我本来就不想来，我想去科技馆，是你非要带我来博物馆的，到了里面你又一直看手机，什么也不跟我说，我一个人看那些破铜烂铁有什么意思呀！"

妈妈："科技馆都去过一次了，你进去了就是玩儿，回来也没记住什么。这博物馆是长知识的地方，每件文物旁边都有简介，是你懒得看。"

孩子听了妈妈的话，张了张嘴，却什么也没说出来，最终负气地与妈妈拉开了距离，一个人大步朝前走去。

有时候父母对孩子的陪伴并不是心甘情愿的，而是好父母的标准是这样的，于是自己为了孩子委曲求全，为了孩子放下了不舍得放下的手机，为了孩子推掉了朋友的应酬，甚至为了孩子辞了职。在这样做的过程中，父母内心是有期待的，希望孩子朝着我们期待的方向去做，否则我们就会为自己的付出感到愤愤不平，掉入受害者模式。

真正高质量的陪伴，应该是全情地投入，应该是双方都享受的亲子时光，你在陪伴孩子，孩子也在陪伴你。待在孩子身边不等于陪伴，而是要主动与孩子沟通，让孩子感觉到我们是积极地陪伴着他，是人在心也在。

那么，什么样的陪伴，才算得上是真正用心的陪伴呢？

"123"法则

所谓"123"法则就是：每天 1 次，每次 20 分钟，父母与孩子做 3 件事中的任意 1 件。3 件事包括：一起读书，一起玩儿游戏，一起聊天儿。

一起读书时，要选择孩子想读的或是孩子感兴趣的。读完书以后，要与孩子就书中的内容进行探讨，可以是发表各自的观点，也可以模仿着其中一个情节叙述故事，还可以讲一讲生活中类似的例子。

一起玩儿游戏时，父母要"降低智商"，跟随着孩子的节奏、思维、想法去游戏，而不是按照成年人的想法进行游戏，更不要觉得孩子的游戏很幼稚，摆出一副嫌弃的样子。对于大孩子而言，游戏可以改为运动，如跑步、打球、骑行等，这样不仅可以陪伴孩子，还可以发掘孩子运动方面的天赋，同时还可以起到锻炼身体的作用，可谓"一箭多雕"。

一起聊天儿时，父母应尽力体会孩子的情绪和感受，并给予回应，保持"同频共振"。这就要求父母平时多关注孩子感兴趣的话题或活动，这样聊天儿时才有共同语言。另外，需要注意的是，与孩子聊天儿，要像跟朋友聊天儿一样，不要抱着说教的目的进行，否则会引起孩子的反感和排斥。

进入孩子的世界

随着孩子的成长，我们会发现：原本喜欢黏着父母的孩子们，越来越不想与父母交流了，他们更乐意去找同龄人玩耍。有的大人想要陪伴孩子，可能也会遭到孩子的拒绝。孩子们是怎么变成这样的？

原因在于，孩子长大了，但父母的思维还停留在过去。也就是说，父母没有跟上孩子的脚步，在一起时，父母总想将孩子拉回到自己的精神世界当中，但孩子有自己的想法，就像"道不同不相为谋"一样，既然"玩儿"不到一块儿去，那就干脆各干各的。这倒不是孩子不爱父母了，而是他们已经觉得父母"无趣"了。

心理学家李松蔚曾说："孩子真正需要的，不是你把他们从那个世界里拽出来，而是父母走到他们那个世界去。"真正用心陪伴孩子的父母，会走进孩子的心里。孩子年幼无知时，他们装扮成"小萌娃"；孩子意气风发时，他们便是时代的"弄潮儿"。无论孩子处在什么阶段，他们始终跟孩子保持同一频道。

在杨绛的《我们仨》一书中，钱锺书不再是著名的作家，而是一个有趣的爸爸。

女儿钱瑗小时候怕热，炎热的夏天里，便露着大肚皮睡觉。钱锺书看到了，在女儿的肚皮上画了一个大花脸，然后等着看钱瑗醒来后的样子。钱瑗被肚子上的大花脸气得跳脚，钱锺书却在一边笑话女儿，一边给她起好玩儿的外号，直到女儿也被逗得哈哈大笑为止。

无聊的时候，钱锺书还会往钱瑗的被窝里偷偷放好多东西，什么玩具呀，镜子呀，书本哪……钱瑗每次钻被窝时都像是排雷一般。每当钱锺书听到钱瑗发出的惊叫声时，总是在一旁欢乐不已。

父母和孩子能够打成一片，是彼此之间心与心贴得最近的时候。这些看似微不足道的陪伴，却可以在孩子的生命中留下一抹最明亮、最温暖的颜色。

要陪伴，不要打扰

当孩子沉浸在自己的世界当中，十分专注时，是不需要父母陪伴的，父母的陪伴反而会影响孩子的专注力。

在一堂亲子美术课上，老师布置的内容为制作一幅名为"秋天"的手指画。老师先做了示范，然后让孩子们"照猫画虎"。第一次做手指画的孩子们异常兴奋，早就跃跃欲试了。因此，老师一喊"开始"，孩子们就投入创作中。

这时，妈妈们的声音从四面八方传来：

"你这样画不行，得这样画……"

"你看，你这个树干太直了，太死板了……"

"你别用手掌啊，要用手指……"

"你蘸的颜料太多了，画面都脏了，少蘸点儿，像妈妈这样点点点……"

刚刚还一脸兴奋的小朋友们，此时有的拿着材料不知所措，有的呆呆地看妈妈操作，有的索性自己跑一边玩儿去了。

以上的情景，在生活中还有很多，比如，孩子专心看电视的时候，孩子认真写作业的时候……孩子需要父母的陪伴，却又不需要父母的打扰。因此，当孩子专注于做自己的事情时，父母也可以专注地去做自己的事情。有时候，不打扰就是最用心的陪伴。

父母陪伴孩子，关键的不是陪伴次数的多少、时间长短的问题，而是陪伴的质量。高质量的陪伴是孩子成长的养料，即使我们只和孩子在一起几分钟的时间，但只要专心致志地和他在一起，也能让孩子感觉到父母对他的爱。

无论何时，请挺孩子到底

有人说："爱，是就算全世界与你为敌，我也会坚定地跟你站在一起。"对于孩子而言，如果有这样爱着他们的父母，无论他们成功还是失败，无论他们勇敢还是懦弱，无论他们平凡还是优秀，都能坚定地站在他们背后，那将是孩子一生的幸福。就算他们长大后会面对社会的残酷、人心的险恶，他们也拥有坚不可摧的信念。因为他们知道，无论怎样，父母都是他们最坚实的后盾。

任何时候，都请挺孩子到底。是任何时候，包括孩子做出了让父母丢脸的事情，也要张开怀抱，做出接纳孩子的样子。孩子来到这个世界上，都期待着被父母呵护、被父母接纳。一旦孩子在父母那里感受到了恶意、不友善的对待，孩子就会感到受伤、感觉被背叛。对于孩子来说，来自父母的背叛比来自同学的欺负、老师的冤枉还要痛，更要命的是这种痛苦会深深地烙印在孩子的心上，就算他长大了，成人了，为人父母了，也无法消散。因此，就算孩子的所作所为让父母很丢脸，甚至让父母愤怒时，也请坚定地站在孩子身边，让孩子感受到"爸爸和妈妈在支持你"。

或许有人会质疑，如果孩子是真的犯了错呢？也要这样无条件地拥护孩子吗？认同孩子，无条件地爱孩子，不是溺爱孩子，而是无论在什么情况下，都要给孩子一个公正的对待。如果孩子真的做错了，父母就告诉孩子："爸爸妈妈愿意陪你一起改正。"

孩子的感受，很多时候是由父母的态度决定的，父母对待孩子的方式决定着孩子是否能够爱自己、认同自己。因此，在孩子最需要父母伸出援手的时候，父母应及时地回应和帮助孩子，这将是孩子安全感的重要来源。

以下几种情况，父母一定要为孩子"撑腰"。

孩子受欺负时，要为孩子讨还公道

如果孩子对你说："妈妈，××总是揪我辫子。"你会怎么回应呢？相信一大部分家长会这样说："可能小朋友在逗你玩儿呢，没关系呀。你要是不喜欢他揪你辫子，你就直接告诉他。"因为在父母看来，揪辫子这样的行为就是小朋友之间闹着玩儿，孩子也没有受到什么实质性的伤害，所以不算什么大事。

确实，小朋友之间玩闹的行为算不得大事。但对于孩子而言，重点并不在于事情的大小，而是他们在向父母求助。聪明的父母绝不会大事化小，小事化了，让孩子吞下委屈，他们会坚定地站在孩子背后，用最强有力的方式替孩子做出反击，及时阻止恶意的蔓延和发酵。

著名儿童教育专家金伯莉·布雷恩曾在书中规劝万千父母："一定要重视孩子受欺负的问题……要让孩子知道，保护他是你作为父母的重要任务。"

允许孩子软弱，帮孩子战胜困难

我们一直认为：坚强是对的，脆弱是错的。所以当孩子因为遭遇了挫折而哭泣时，得到的不是安抚，而是"禁止令"——"不许哭！"因为哭鼻子是软弱的表现。如果父母不允许孩子表现出脆弱的一面，那么孩子就会产生一种无依无靠的感觉，即便受了委屈也不敢说出来。所以父母在孩子诉苦的时候，应该去倾听他们内心的感受，接纳他们当时脆弱的情绪，首先让孩子感受到父母可以依靠，然后再想办法，帮助孩子解决困难。只有被父母允许依赖的孩子，才能成为更加坚强的孩子。

在孩子被比较时，坚定地选择他们

家里有两个或多个孩子的父母，几乎都遇到过这样的问题："妈妈，你是爱我多一点儿，还是爱姐姐多一点儿？只能选一个。"这个时候父母都知道，无论选谁，都会令另一个难过。所以在孩子间发生矛盾时，总会格外谨慎。但有的时候，父母也陷入了类似的问题当中，却没能做出正确的选择。

兄弟姐妹之间的比较很明显，但有的比较就有点儿隐形了。比如，两个妈妈聊天儿，一个妈妈说："我女儿特别棒，她今年又得了奖状，这次是'市三好学生'。你闺女怎么样？这次选上了吗？"

如果另一个妈妈顺着这个问题回答："你女儿太厉害了，我女儿落选了。"那就掉进了隐形比较的陷阱中，即便父母没有主动拿孩子进行对比，这样的回答也会令孩子感到难受。

面对这种情况，父母可以选择岔开话题，从另一个方面去"挺"自己的孩子，比如这样回答："我女儿今年忙着备战奥数大赛呢，孩子忙得团团转，说是要代表学校拿第一呢！"

别小看父母每一次对孩子的撑腰。有时候，仅仅是父母一句话的事，孩子却能够感受到来自父母的爱和支持，这是对孩子自尊、自信和安全感的守护。这让孩子以后不管遭遇什么，都会充满无限的力量和底气，踏踏实实地做自己，活出自己。

松弛有度的爱，才能生出温度

有一种父母之爱，叫窒息的爱。就是父母将孩子视作一切，关心孩子胜过关心自己，在乎孩子胜过在乎生命，甚至将自己生存的意义都寄托在孩子身上。在外人看来，拥有这样的爱是无比幸福和幸运的，但对孩子而言，感受到的是窒息，是压抑，是桎梏。

想一想，在生活中，你有没有对孩子说过这样的话呢？

"你还小，我来吧。"

"厨房太危险了，你还小，等你长大了再来炒菜。"

"这衣服穿反了，你还不会穿，等长大了再自己穿吧。"

"拖地你还拖不干净，你还是去玩儿吧。"

……

因为爱孩子，所以害怕孩子受伤，于是一次次阻止孩子因为好奇和想要独立而迈出的脚步。在亲子关系中，过于用力的爱就像慢性毒药，日渐拖垮孩子的人生。在孩子学会走路后，依然将孩子抱在怀里，在孩子上学后，依旧不能让孩子去做力所能及的事情，在孩子结婚后，依旧无微不至地照顾着他的生活，那么孩子永远无法成为一个成年人，即便已经二三十岁了，在心理上他仍然是一个婴儿。更加可悲的是，孩子并不喜欢这样的自己，他们想要逃离，却缺少足够的能力去逃离。

　　曾经有一个海归博士，归国后每天在家打游戏、睡觉，靠着母亲的养老金生活。后来80多岁的老母亲忍无可忍，一纸诉状将儿子告上了法庭，希望能通过法律手段逼迫儿子自立，可没有一条法律规定可以逼着她儿子出去工作。

　　这时老人才悔恨不已。

　　小时候，儿子要自己洗袜子，她怕儿子洗不干净，一洗就是几十年。8 岁的时候，儿子不会系鞋带，她就天天帮儿子系鞋带，到现在儿子也系不好鞋带。儿子上了高中后，因为学校离家远，需要住校，她担心儿子住校吃不好，便到学校门口租了房子陪读。这一陪就是三年，儿子过着衣来伸手、饭来张口的日子，除了学习，什么家务都不干。

后来儿子以优秀的成绩考上了重点大学，经常打电话给她。电话里，儿子抱怨学校的饭菜不好吃，她就多给儿子零花钱，让孩子去饭馆吃；儿子抱怨洗衣服太累了，她就让儿子把脏衣服打包寄回家，她给洗干净后再寄回去；儿子抱怨宿舍的人不好相处，她就对儿子说："你去学校是为了学习的，不是为了交朋友的，只要好好学习，不用太在意别人。"儿子也听话，大学毕业就申请了国外的大学，然后顺利出国深造。

她本以为儿子学成归来会拥有一份体面的工作。结果儿子毕业就失业，不是嫌这个工作过于烦琐，就是嫌那个工作的工资太低。到了最后，干脆连简历都不愿意投了。她每次苦口婆心地劝说儿子时，儿子都会反驳她："现在社会竞争这么激烈，就算是留学回来的，也一样找不到工作，你要想让我上班，那你就帮我去找个工作呀。只要不用加班加点，月薪能在两万以上，三年之内能让我坐到中层的位置，我就愿意去。"

这样的工作，她又能去哪里找呢？因此她一方面对儿子的行为有怨言，另一方面又担心儿子没钱花，所以月月给儿子零花钱不说，还要像保姆一样照顾儿子的饮食起居。随着年龄越来越大，她的担忧也越来越严重。

每一个"巨婴"的背后，都有一个事事包办的父母。孩子还小时，或许父母觉得孩子还不能独立，所以对孩子的方方面面进行全方位、掠夺式保护。但随着孩子渐渐长大，父母还这样过度保护，就会挫伤孩子的自我观念，削弱孩子的自主能力。因为当父母过分保护孩子时，其实也是在告诉孩子："你不能照顾自己。"如果老鹰在小鹰小的时候不舍得让它遭受挫折，那么小鹰永远也学不会飞翔。同样，若是父母不学会放手，那么就会塑造出一个没有独立生活能力，凡事依赖父母、缩手缩脚的孩子。

戴尔·卡耐基曾说："为了将来能更从容地生活，孩子必须在成长的过程中学会自己清除障碍、解决问题。而这一切，需要在家庭教育中进行。"从人类生命系统的视角审视亲子关系，其本质在于通过持续的生命传承实现代际延续。每一个生命都要经历"诞生—被父母照顾成长—成年—谈恋爱—建立家庭—新生命诞生"这样一个过程。所以亲子之间的爱，是唯一指向分离的爱。我们养育孩子的目标，就是让孩子能够远离父母，并且很好地生活。

但放手让孩子成长并不是逼着孩子过早独立，让孩子在不符合其年龄段的阶段去做超出他们能力范围内的事情。

想一想，下面这样的对话，是不是也发生在你的亲子沟通中？

孩子说："妈妈，这个扣子我系不上，你能帮帮我吗？"

你说："这么大了，自己穿衣服都穿不好。"

事实上，衣服最上面的扣子确实不好系。

孩子说："妈妈，这个袜子我穿不好，你能帮帮我吗？"

你说："不能！都多大的人了，自己连袜子都不会穿吗？"

事实上，新买的袜子确实不太好穿，需要撑一撑才能顺利套进去，女孩子穿的长筒袜更难穿。

孩子说："妈妈，我洗漱好了，我今天乖不乖？"

你说："洗个脸弄得到处都是水，就不能小心点儿？"

事实上，孩子能自觉主动地洗脸，本身就是进步，哪里还注意得了那么多细节呢！

在孩子需要父母辅助的时候，不但不帮助孩子，还要数落孩子。在父母看来，这是为了孩子成长，用心良苦的结果。但对孩子而言，在经历了一次又一次的忽视和失望后，他们的成长是不得已而为之的结果。

人们常说："做人要有松弛感，做事要进退有度。"事实上，在亲子教育中，亦是如此。父母爱得太用力，或是爱得太冷血，都不利于孩子成长。爱，既是放手让孩子独自远行，也是在孩子累了倦了时，给他们一个温暖的拥抱。

第二部分

管　教

　　爱是相互的，父母接纳孩子，孩子方能认同父母。而来自孩子的认同，是管教孩子的重要前提。孩子要在内心认同父母，和父母有足够的情感基础，父母的管教才能让孩子信服。

　　但父母管教孩子不是为了彰显自己的权利，也不是为了少一些麻烦，真正的目的应该是让孩子学会为自己的行为负责，获得成长。而在这个过程中，父母如何说，孩子才会听；父母怎么做，孩子才愿意说，是一门值得深入探究的学问。

第4章 "骂"对了方式，才能收到教育的效果

经常被父母辱骂嘲讽的孩子，性格出现缺陷的概率非常大。教育专家李玫瑾曾经对1000名未成年人做过一项调查，分析结果发现，在家里经常被父母责骂的孩子中，有25.7%出现了自卑、抑郁的情绪，22.1%变得冷酷，56.5%经常出现暴躁情绪。可见，孩子犯错并不可怕，父母用错了批评的方式才可怕。一旦用错了批评方式，不但不能有效管教孩子，还会阻碍孩子的成长。

批评的话语，最好悄悄说

　　"人前教子，背后教夫（妻）"这句话指的是：对孩子的教育可立即当面进行，让他明白错在哪儿，该怎样做。丈夫（妻子）如果有错，则应该在只有你俩的情况下指正，不要在别人面前指责，这样双方都有面子，不伤自尊。

　　成年人知道要面子，难道孩子就不需要面子吗？孩子同样需要。所谓"人前教子，人后教夫（妻）"的观点，完全陷入了一个误区，这个误区就是认为孩子年龄小，心智不成熟，当众批评孩子，会让孩子因此而印象深刻，不再犯错。事实上，孩子是独立的个体，有自己的人格，并且他们心智尚未成熟，当众批评孩子，同样会将孩子推入尴尬的境地，进而深深伤害孩子的自尊。即使孩子想承认错误，想放弃不恰当的主张，也一时找不到台阶。因此，家长越训斥，孩子就越抵触。

　　在学校，桐桐因为一点儿小事儿跟同学吵了起来。同学吵不过，便动手打了桐桐，桐桐不甘被打还了手，最终两个人扭打到了一起。

事后，老师将双方的家长叫到了办公室。桐桐爸爸到了学校后，二话不说，就给了桐桐一巴掌，骂道："一天到晚惹是生非！"老师见状，连忙上前阻拦，并劝说道："有话好好说，别打孩子。"

桐桐也想为自己辩解一下，可刚叫了一声"爸"，就被爸爸粗鲁地打断了："别喊我'爸'，我嫌丢人！"

桐桐看着爸爸的态度，心里难过极了，转身就跑出了办公室。

很多家长觉得，孩子犯了错，就要立刻管教，生怕晚了一秒孩子就会忘记这个教训。因此，不管什么时间、什么场合，周围都有些什么人，就对孩子进行严厉的批评。甚至很多时候，孩子并没有犯太大的错，父母只是想要通过当众丢脸的方式，让孩子认识到自己的错误。

但事实上，当众责骂不但不能起到教育的作用，反而会令孩子产生逆反心理，不但不利于亲子关系的建立，还会严重影响孩子未来身心的成长。英国教育家洛克说过："父母不宣扬子女的过错，则子女对自己的名誉就越看重，他们觉得自己是有名誉的人，因而更会小心地去维护别人对自己的好评；若是你当众宣布他们的过失，使其无地自容，他们便会失望，而制裁他们的工具也就没有了。他们越觉得自己的名誉已经受了打击，则他们设法维护别人对自己的好评的心思也就愈加淡薄。"

因此，当众责骂孩子不但不能够让孩子吸取教训，反而会伤害孩子的自尊心，让他们看轻自己。那么，孩子在公开场合犯了错，父母究竟应该怎么办呢？

英国作家洛克曾说："对儿童进行批评时，要在私下里进行；对儿童的赞扬，则应当着众人的面进行。"面对犯错的孩子，正确的做法是父母在众人面前维护孩子的自尊，将批评的话语留到回家再说。

上了初中后，班里的女生都格外在意自己的形象，经常相互攀比穿着打扮。琪琪因为长着一头长鬈发，经常被同学调侃像"狮子王"，这让琪琪有些自卑。为此，琪琪多次向妈妈提出，想要到理发店做个"离子烫"，让自己的头发看起来柔顺一点儿。但妈妈觉得，学生要以学习为主，不要把心思放在打扮上。

没有得到妈妈的支持，琪琪开始动起了"歪心思"。周末，琪琪谎称到同学家写作业，实际则去了一家口碑好的理发店。四五个小时过去了，琪琪一头蓬乱的头发变得柔顺光滑。付账的时候，琪琪掏出手机，一边扫码，一边往外走，做出一副边走边付款的样子，她料定老板忙着应付其他客人，不会在意到她是否付款了。

没想到，琪琪才刚过了马路，就被老板拽住了。没过多久，妈妈就出现在了理发店里。面对着瑟瑟发抖的琪琪，妈妈什么也没说，先是跟老板道了歉，说道："孩子说要来弄头发，让我给打钱，我这一忙就忘了，我现在就给您结账。"

琪琪以为妈妈真的就这样放过她了，没想到，一回到家，妈妈就板起了脸，声色俱厉地说："我刚才那样说，是为了给你留面子。希望你能够珍惜自己的脸面，不要再做出让自己丢人的事情。"

听了妈妈的话，琪琪这才明白，妈妈之前的做法是为了维护她的自尊。琪琪心里既感动又内疚。

孩子的面子，就是他们的"里子"。当众批评孩子，批评一次，就会剥掉孩子一层脸皮，到最后，孩子便会练就一副厚脸皮，父母再怎么批评都起不到任何作用。相反，若是父母能够在孩子犯错时维护他们的自尊，他们就会明白自尊是多么重要。

只批评，别对比

很多父母在批评自家孩子时，喜欢顺便夸一下别人家的孩子，例如：

"你看你，怎么这么笨，看人家×××。"

"怎么考得这么差，你看×××。"

……

父母的本意，是希望孩子能够将别人家的孩子作为参照物，改掉自身的不足之处，却忽略了孩子听到这样的话时内心会产生怎样的感受。

首先，这会给孩子带来心理压力，让孩子觉得自己需要表现得更好才能得到认可，内心因此而焦虑和不安。其次，夸奖其他孩子可能会让孩子产生嫉妒心理，对受到夸奖的孩子产生敌意。再次，还会误导孩子的价值观，让孩子误以为成功和认可完全取决于外部的夸奖，而非他们自己的努力和成长。这种扭曲的价值观可能导致孩子过于关注他人对自己的评价，而忽视了自我成长和内在的价值。最后，会令孩子无法形成清晰的自我认知，认为自己没有特点和优势，从而影响自身的个性发展。

馨月自小就是一个不善言辞的孩子，进入青春期后，变得更加沉默寡言。这天在回家的路上，正巧遇到了出门的邻居阿姨，邻居阿姨很热络地问馨月："馨月，出去玩儿了呀？"

馨月抿抿嘴，露出一个勉强的微笑，就赶紧朝自己家走去。馨月的表现，让跟在后面的妈妈十分不满，觉得馨月越大越没有礼貌了。回到家后，妈妈便对馨月说："你刚刚太没礼貌了，阿姨跟你打招呼，你都不吱声。你看人家李阿姨家的孩子，跟你一样大，那小嘴儿甜的，见人就叫，可招人喜欢了。像你这样的，连个招呼都不会打，今后怎么在社会上混哪？"

听了妈妈前面说的话，馨月内心还有些愧疚，觉得自己过于内向了。后面妈妈越说，馨月心里就越难受。干脆噘个嘴巴，一言不发。见馨月不说话，妈妈更加生气了，继续说道："你这孩子，我跟你说话呢！你怎么一点儿反应都没有？"

"我就是没礼貌，你要觉得别人家的孩子好，那你去给别人当妈妈好了。"说完，馨月就回到了自己的房间，重重地将门摔上了。

换个角度想一想，如果孩子经常提到别人的爸妈多么优秀，别人家的房子多么大，别人家的车多么豪华，作为家长，你又是什么感受呢？是感到自卑和气馁强烈一些？还是想要奋发图强的心强烈一些呢？相信一定是前者更胜于后者。因此，对比，并不能让孩子认识到自己的错误和不足，因为孩子的心智还没有达到能在对比中提高的程度。盲目对比，只会伤害孩子稚嫩的心灵，是父母在教育上的失败。

张春梅教授在《性格与养育：致正在长大的父母》一书中提到："其实人与人之间本没有优劣，只是不同而已。每个生命都是独特的，父母要把自己的孩子当成别人家孩子客观地看待，保持对孩子朴实的兴趣。"

人和人之间是有差距的，孩子的性别不同、性格不同、成长环境也不同，因此想法和行为能力会千差万别，智商和情商也会表现得参差不齐。因此，即便同时做同一件事情，得到的结果也会不同。因此，父母在批评孩子时，要从客观的角度出发，就事论事，不要拿另一个孩子来对比。要知道，我们批评孩子，目的是帮助他们变得更好，而不是打击他们的自尊心。

暑假来临，妈妈给乐乐报了一个游泳班。在游泳课上，其他小孩儿都能按照老师的指导，在水面上练习游泳的姿势，只有乐乐整个人趴在水里，不知道在干什么。想到自己花着昂贵的学费送孩子来学习，而孩子却不听从老师的指导，妈妈感到很生气，便批评乐乐道："其他小朋友都听老师的指挥，怎么就你不听话呢？你这样下去，什么时候能学会游泳呢？"

一旁的教练听到了，连忙走了过来，对乐乐妈妈说："您的孩子很有潜水的潜质，他憋气时间特别长。您别看其他孩子表现怎么样，得看看自己孩子身上有什么优点。"

老师的话让乐乐妈妈吃了一惊，同时也意识到了自己的错误。从那以后，每当乐乐妈妈觉得其他小朋友优秀时，就会立刻提醒自己：我的孩子也很优秀，他身上也有其他小朋友所没有的优点。

比如，当乐乐成绩不如别人时，乐乐妈妈就会想到乐乐虽然成绩不好，但是很热心肠，老师和同学都很喜欢他；当乐乐表现出胆小的一面时，乐乐妈妈就会想，孩子胆小也不是坏事，至少做事谨慎，不会鲁莽行事。

妈妈发现，自从她停止了拿自己家的孩子和别人家的孩子进行对比后，渐渐感觉乐乐身上的优点越来越多了。而且，妈妈发现，其实孩子也会暗中和他人作比较，只是这种自发主动的比较和被动接受的比较，对孩子而言完全不同。前者可以激发出他们的好胜心，后者只会打击他们的自信心。

每个孩子都是独特的，都有自己的优点和进步，对比只会让孩子感到压力和不公平。因此，父母在批评孩子时，不要再将自己的孩子与另一个孩子作对比了，也不要总是羡慕别人家的孩子如何听话，如何聪明，哪怕那个孩子是自己的另一个孩子也不可以。如果你希望自己的孩子越来越好，那么类似于"你妹妹比你懂事多了""人家怎么能考得那么好，你就不行了呢，不是一样在听课吗"……这类批评的语言，就不要再出现在亲子沟通之中了。

幽默的批评，温柔又有力

　　孩子犯了错以后，很多父母不是居高临下地大讲道理，就是满嘴的讽刺挖苦；不是恨铁不成钢的唠叨，就是动辄大呼小叫……以为这样至少可以收到震慑孩子的效果。确实，父母严厉的批评会让孩子心生畏惧，但是教育的效果却不见得最佳。

　　尤其是对于正处在叛逆期的青少年们，父母越严厉，他们就越不服，认为父母是利用家长的身份来压制他们，所以无论父母说的话是否有道理，他们都一律采用"对抗"的方式对待。于是亲子之间的沟通就进入了一个"恶性循环"——父母严厉，孩子反抗；孩子反抗，父母更严厉……

　　长此以往下去，不但达不到管教孩子，让孩子知错就改的目的，还会令父母与孩子之间关系越来越疏远，越来越难以沟通。

　　　琼琼又被请家长了，这一次是在课外辅导班上。算上学校请家长的次数，这已经是这学期的第五次了，每一次都是因为上课说话。

第一次，妈妈还能语重心长地对他说："上课好好听课，别总说话。"第二次时，妈妈就有些生气了。第三次、第四次，妈妈将他臭骂了一顿。这一次，妈妈一来，琼琼就知道自己完了，因为妈妈的脸黑得都能滴下墨汁来。

一进家门，妈妈对琼琼就是一顿劈头盖脸的责骂："你真是屡教不改，我每次跟你说的话，就像对牛弹琴一样。被老师和父母一次又一次地骂，你但凡有点儿自尊心，也该长点儿记性了！我就纳闷了，怎么你的话就那么多！来来来，你跟我说说，你有什么好说的呀？"

看着妈妈那张怒气冲冲的脸，琼琼心里既害怕又不服。其实琼琼也知道自己的毛病在哪里，他也在努力改掉自己的坏毛病，可没有想到他比较倒霉，每次说话都能被老师逮到，好多同学也说话，偏偏就没有被叫家长。想到这里，琼琼心里不满极了，忍不住嘟囔道："老师就是看我不顺眼，全班那么多同学说话，他都不管，就抓着我不放。"

妈妈觉得琼琼简直太顽劣了，不但不承认错误，还胡搅蛮缠，便再次厉声批评道："苍蝇不叮无缝的蛋，你要没错，老师会抓着你不放？看来你是认识不到自己的错误了，你就在这里站着，什么时候认识到自己的错误了，什么时候再吃饭！"

琼琼站在门口，心里不但没有一点儿悔过之心，反而对老师充满了怨恨，觉得要不是老师针对他，他也不用被妈妈骂……

当严厉的批评已经无法再发挥作用时，父母就要换一种方式了。苏联著名教育家维特洛夫指出："教育家最主要的，也是第一位的助手是幽默睿智，它能使整个教学顿时生辉，并能创造出一种有利于学生学习的轻松愉快的气氛。让学生在这种气氛中去理解、接受和记忆新知识。"没有人不喜欢幽默的沟通方式，因此，当我们批评孩子时，不妨加点儿幽默。

萌萌机灵聪明，学习成绩也不错，但就是有一点让老师十分头疼，那就是上课说话。老师在上面讲，她在下面讲，有时候还会接老师的话茬儿，逗得全班同学哈哈大笑，严重影响课堂纪律。

这天，萌萌在数学课上说话，被班主任逮了个正着，为了给萌萌个"教训"，老师将萌萌妈妈请到了学校，并将萌萌在学校的种种"劣迹"一一道出，妈妈被老师说得脸一阵红一阵白，心里想着：等回家一定好好教训教训这个小丫头。

回了家后，妈妈还在想怎么开口教训她呢，萌萌倒先发制人了，问道："妈妈，老师跟你说什么了？是不是跟你告状了？"妈妈看着萌萌没心没肺的样子，意识到孩子其实也没什么大问题，就是性格过于开朗，有些管不住自己。想到这里，妈妈的气消了一半。

于是开玩笑地说道："你们老师跟我'表扬'你了，说你比老师们都厉害，同学们上课都不听老师讲课，光听你演讲了！"

萌萌听到这话，知道妈妈不是在夸她，而是在变相地批评她，不好意思地低下了头，小声地为自己辩解道："妈妈，对不起，我总是管不住自己的嘴，可老师有时候讲得太有意思了，我就忍不住想跟同学们讨论。"

妈妈知道萌萌已经认识到了自己的错误，便没有再追究下去，而是对她说："喜欢跟同学讨论问题是个好习惯，但你也得挑对时间和地点。毕竟你这魅力这么大，咱们别太张扬了，也给人家老师留点儿面子。你想想，老师辛辛苦苦备课，兢兢业业讲课，结果同学们的注意力都被你吸引了，你觉得这样做对吗？"

妈妈的一番话让萌萌羞愧不已，她没想到自己只是说了几句悄悄话却产生了这么大的影响，于是，暗下决心，以后上课一定要管住自己的嘴。

批评是爱的艺术，是父母与孩子之间共同成长的考验。与其板起脸来教训孩子，不如采用幽默的语言或方式和孩子进行沟通或交流，这样不但能够让孩子认识到自己的错误，同时也会使亲子之间的沟通更加和谐。

不过，用幽默的方式批评孩子并不是一件简单的事情，这要求父母具备较高的文化修养和良好的心理素质，能够在孩子犯错之后，克制住冲动的情绪，以宽容的心态包容孩子的错误，理解孩子的不良行为，最终将批评转化为幽默的语言。

沉默比责骂更让人害怕

随着社会的进步，父母对孩子的管教方式也在渐渐发生变化。过去孩子不听话，不少父母便是一顿打骂。但现代社会不提倡打骂教育，于是有些家长便走向了另一个极端，既不打骂，也不搭理。在被孩子气得火气旺盛时，就习惯晾一晾孩子，轻者直接冷漠脸，孩子说什么都不理睬，严重者关小黑屋，关到门外，试图用沉默的方式，让孩子反省自身的问题。

如果说打骂属于管教中的暴力行为，那么沉默则属于冷暴力。最初，冷暴力一词使用在婚姻中，指夫妻之间以冷漠、冷战、冷处理代替语言暴力和行为暴力的行为，现在已经渐渐延伸到了亲子关系中。表面上看，父母没有打骂孩子，没有形成暴力行为，但实际上，冷暴力是一种精神虐待，它的伤害程度丝毫不亚于打骂的伤害程度。

　　上初中的晓雯，在寄宿学校念书。周末回家后，因为学习的问题，晓雯跟妈妈之间产生了一些矛盾，之后妈妈便不再理晓雯了。最开始的时候，晓雯还心想：不理就不理。但几小时后，晓雯有些动摇了，她想到了自己成长的这些年妈妈的辛苦付出，便主动跟妈妈示好，可妈妈就像没看见一样，将她视作空气。

　　就这样，一直到晓雯返校，妈妈也没跟晓雯说一句话。回到学校的晓雯，心情极其低落，不禁想起了小时候的事情。三年级的时候，妈妈给她报了一个课外辅导班，她不想去，妈妈很生气，一个多星期没理她。每次她向妈妈示好，妈妈都会粗暴地将她推开，并说："你什么时候去上辅导班，什么时候再跟我说话。"后来晓雯坚持不住了，答应了去上辅导班。

　　还有一次，晓雯交了一个新朋友，对方学习成绩不是很好。妈妈担心晓雯会受到影响，便要求晓雯疏远新朋友，晓雯不愿意，妈妈就不理她，直到她表示再也不跟那个孩子玩儿了，妈妈才理她。

　　在别人看来，或许晓雯很幸运，妈妈从来没有打过她，也没有大声地吼过她，可只有晓雯自己知道，妈妈不理她的时候，她内心有多么惶恐。

有人形容被父母冷暴力的感觉，就像是被一把很钝的刀在身上不停地划，虽然没有流血，但是痛感却很真实。经常被父母实施冷暴力的孩子，性格会变得非常孤僻，遇到事情容易走极端，即便很优秀，但内心也会感到很自卑。他们不擅于表达自己的想法，也不懂得如何处理人际关系，感情脆弱而敏感，并且容易激动。更重要的是，冷暴力意味着父母和孩子都不会将问题摆到明面上来沟通，亲子之间没有心与心的碰撞，这将使孩子无法学会如何正确处理问题，这种情况很有可能一直延续到孩子成年。

心理学家武志红说："没有回应，家也是绝境。"因为孩子会觉得自己是没有存在感的，是不被爱的。他们根本就不会如父母所愿地去思考——妈妈为什么不理我或为什么被关在门外，他们会想妈妈是不是不爱我了，是不是不要我了。即便这件事过去了，这种被抛弃、不被爱和不被接纳的感觉，也会深深地留在他们的潜意识里，时不时地"攻击"他们。

当孩子反复被这种感觉折磨时，他们会意识到"我的感受，父母根本就不在乎"，然后隐藏自己的情绪，关闭自己的内心。更有甚者，会"破罐子破摔"，自甘堕落。想来，这并非我们想要看到的管教结果。因此，管教孩子时，千万不要晾着孩子，如果父母对孩子有什么不满意的地方，或是想对孩子表达更高的期望，要坦诚地和孩子进行交流，不要企图通过冷处理的方式让孩子自己去领悟，不要让孩子成为家里面那个最熟悉的陌生人。

批评当下，别翻旧账

当孩子犯错屡教不改，做父母的常常会忍不住翻旧账，把孩子以往所犯的类似错误一个个列举出来，新账旧账一起算，希望孩子想起曾经的教训，反思当下的错误，殊不知，这犯下了批评孩子时的大忌——翻旧账。

父母翻旧账的行为就像是揭伤疤，明明已经好了的伤口，再次被人揭开，谁会喜欢呢？其实，孩子犯错时，正是他们倍感羞愧和自责的时候，尤其是当他们已经意识到自己错了时，却被父母反复提及曾经犯下的错，这只会让孩子觉得父母总不能原谅他的过去，自尊心因此受到伤害。次数多了，孩子会觉得自己只要犯了错，就永远无法在妈妈面前翻身，既然翻不了身，干脆就不改了。有的孩子在犯错后，为了逃避被翻旧账，便想方设法瞒着父母。掩盖错误与犯错的性质是完全不一样的。

有一位网友曾在网上求助。小时候，她偷拿了妈妈口袋里的一元钱，买了根棒棒糖。妈妈知道后，狠狠地教训了她，她当时向妈妈保证，以后再也不偷拿父母的钱了。她本以为这件事就这样过去了，没想到弟弟长大后，十分淘气，经常乱动父母的东西。有一次，弟弟拿了妈妈的金项链玩儿，妈妈怎么也找不到，最终将怀疑的眼神看向了她。

"是不是你拿的，放哪儿了？赶紧拿出来。"

她一再解释，自己没有拿。妈妈却搬出了以前的"证据"，说道："小时候，你就偷偷拿过钱，这是老毛病又犯了。"

妈妈的话让她无力再为自己辩解，只能躲起来悄悄哭。后来，妈妈从弟弟的书包里找到了金项链。她忍不住为自己"伸冤"："我说了不是我拿的，你都不相信我。"

妈妈却说："还不是因为你以前偷过东西，否则怎么会怀疑你？"

妈妈的话彻底将她推向深渊，她时常问自己："难道做错过一次事情，就永远是坏孩子吗？"

现在，她已经上大学了，每当寝室里有同学找不到东西，她都会产生莫名的紧张感。有时候，为了避免产生不必要的怀疑，她甚至拒绝触碰同学的东西。她知道自己这样过于敏感了，希望有人能够帮助她走出这个心理牢笼。

父母反复提及孩子曾经犯下的错误，只会提醒他们哪些是不该做的，却无法告诉他们哪些是该做的。有的孩子本来已经改正了，结果被家长这么一提醒，说不定又会再犯。真正懂得批评的家长，应该将重点放在如何帮助孩子改进上，而不是揪着过去的缺点不放。

在批评孩子时，最好一次只批评一件事，这样才能让孩子明白错在哪里，集中注意力改正一件事情。比如，孩子考试成绩不理想，妈妈原本只是为了让孩子下次努力考好点儿，妈妈不妨这样说："这次考试成绩不理想，想想看是什么原因呢？"然后坐下来和孩子一起分析考试失利的原因，并提醒孩子以后要避免此类情况的再次发生。至于孩子其他的缺点或错误，留到合适的时机再说，不能指望一次批评解决所有的问题。

期末考试结束了，子轩语数外三门总分为 260 分。其中，数学 100 分，英语 98 分，语文 62 分。妈妈看到前两张卷子，心情还挺好，当看到语文卷子时，脸上立刻晴转多云，又是偏科问题。上学期成绩下来时，语文成绩就是刚及格，妈妈特地嘱咐了子轩，这学期一定要将语文成绩提升上来。当时子轩再三保证，自己一定会努力学语文，结果还是刚及格。

妈妈很想问子轩："你不是说努力吗？你努力到哪里去了？怎么还是这么点儿分！"但随即又想到，成绩已经如此，再去翻旧账还有什么意义呢？与其用旧账让孩子感到羞愧，不如好好计划下将来。

于是到嘴边的话就变成了："为什么这次没考好呢？

你分析原因了吗？”

子轩点点头，说道："分析了，我基础掌握得不扎实，前面的字词题，很多不太确认，所以浪费了时间，到后面写阅读和作文时就有点儿着急，阅读没有用心读，作文没有写好，也没有写完。"

妈妈仔细地翻看过卷子后，发现事实确实如孩子所言。于是柔声建议道："那我们一起制订一个学习计划，争取将基础知识掌握得更牢固一些，你觉得怎么样？"

"嗯，嗯，我们现在就开始吧！"子轩不住地点头表示同意，并说道："妈妈，你太好了，我还以为你会狠狠地骂我呢！"

孩子犯了错误，只要改正了，父母就不应总把错误挂在嘴边，老是翻旧账。可以说，就事论事，不翻旧账，是父母批评孩子时必须把握的第一要诀。其实，即使父母不提，孩子自己也有可能会记起曾经犯过的类似错误。当我们将自尊留给孩子，把自省的空间留给孩子时，他们才更容易集中精力在这一次的错误上，并努力改正。

第5章 激励，
可不是赞美两句那么简单

孩子需要鼓励，就像植物需要水。每个孩子都无比渴望得到父母的欣赏，有的孩子甚至一生都在努力讨父母的欢心，希望获得父母的认可与鼓励。但激励孩子是一个实实在在的"技术活"，这不仅仅停留在"你真棒"这样肤浅的层面上，更是需要父母拥有一双"火眼金睛"，不放过孩子身上任何一个小小的闪光点，因为这些小小的闪光点或许就是孩子日后持续发力的方向。

真正的激励不需要"行贿"

很多父母用物质奖励的方式来教养孩子。比如，考试成绩 90 分以上，奖励一套玩具；考试成绩 95 分以上，不但可以得到一套玩具，还可以得到 100 元的奖励……

不可否认的是，物质刺激确实具有一定的吸引力，在物质奖励的刺激下，孩子会立刻变得干劲儿十足，为父母省了不少口舌，节约了不少时间。但这种激励的方式就好像"短期特效药"，只在当时管用，过后就失效，下一次再用时，"价格"就得翻倍。同时，孩子也变得越来越"物质"，只要是家长要求他们做的事情，他们就会先谈条件，如果没有得到满足，便拒绝执行。所以，物质激励虽然有作用，却不能随便使用。因为这样不仅会致使孩子对物质的贪婪，还会影响他们独立人格的成长和正确价值观的形成。

又到了练琴时间，依依赖在沙发上不想动，当初因为他一句想学琴，妈妈就花大价钱给他买了钢琴，当新鲜劲儿过去后，练琴对于依依来说，就成了一件十分痛苦的事情。

妈妈见依依还坐在沙发上，便催促起来："依依，快点儿练琴了。"

"妈妈，可以休息一天吗？我今天不想练琴。"依依祈求道。

妈妈一听这话，脑袋就大了一圈。为了让依依好好练琴，妈妈可谓使出了"十八般武艺"，花式鼓励、冷面教训，甚至还买了一根戒尺，可依依还是三天两头不想练琴。打也打了，骂也骂了，就在妈妈头疼不已之际，一个想法在脑海中浮现出来，然后妈妈说道："下周你就要考级了，得抓紧一切时间练习才对。你听话，好好练，等你过了三级，妈妈就给你买最新款的小赛车。"

"真的吗？"听了妈妈的话，依依一蹦三尺高。

"真的，但前提是，你现在必须马上开始练琴。"妈妈说。

"好的。"依依一个鲤鱼打挺，从沙发上跳起来，坐在钢琴前弹了起来。妈妈见状，露出了满意的微笑。

没过多久，考级结束了，依依成功考过了三级。从考场出来后，依依便拉着妈妈直奔商场。依依捧着心爱的小汽车走出商场时，他和妈妈都觉得自己"赚"了。

三个月后，市里要举办一场钢琴比赛。妈妈觉得这是一个锻炼的机会，就想让依依报名参加。依依却问妈妈：

"妈妈，要是我拿奖了，你给我什么奖励呢？"

"什么？你比赛已经得了奖？还要让妈妈给你奖励呀？有一个奖杯还不够吗？"妈妈有些吃惊地问道。

"哼，没有奖励我才不去呢！还得天天练琴，奖杯又不是我想要的。"说完，依依跷着二郎腿，继续看起电视来。

给予孩子物质奖励以达到激励孩子前进的方式，虽然初衷是好的，却极容易让孩子变得只向钱看。而一个眼中只有钱的孩子，就会认为有钱就有幸福，只要有钱就能买到一切。这种畸形的价值观会让孩子成为金钱的俘虏，变得无情，甚至冷酷。

与此同时，物质奖励还会破坏孩子的内驱力。心理学家爱德华·L.德西提出了一个很有名的、在当时极具颠覆性的观点：当外在报酬和内感报酬兼有时，外部的激励不仅不会帮助孩子形成内在动力，还会明显地削弱它！简单来说，就是在孩子感兴趣的事情上，如果滥用外部激励，反而会削弱孩子对这件事情本身的兴趣。

因为物质奖励只是眼前的刺激，并没有深入内在驱动力的诱发。就像望梅止渴一样，物质奖励只能起到短暂的缓解作用，却无法解决实际存在的问题。就拿学习来说，孩子若是对学习热情不高，物质奖励或许会让孩子在短时间内受到金钱的刺激而发奋努力，却无法从本质上提高孩子学习的热情，孩子缺少学习热情的原因太多了，或许是因为基础差跟不上，或许是因为不喜欢老师，或许是因为偏科，总之，如果不是孩子非常渴望物质享受，那么物质奖励这个办法就永远触及不到问题的本质。

所以，物质激励的方式不但解决不了实际问题，还会给孩子成长带来严重的负面影响。那么，怎样才能正确激励孩子呢？如果孩子做得非常好，向父母提出了物质奖励的要求，父母究竟能不能答应呢？其实，物质奖励也并非"洪水猛兽"，只要使用得当，也是会在激励孩子时起到一些积极作用的。

比如，孩子在还未开始展开一项任务或者是学习时，对这项任务或是学习表现出不感兴趣的样子，那么父母就可以适当使用物质激励的方式，让孩子愿意先尝试一下。当孩子尝试过后，渐渐产生兴趣后，就不能再使用物质激励的方式了，而是要想办法激发孩子的内在动力。这时候，应该更多使用"精神激励法"，即用远大美好的目标作为孩子前进的动力。

用"奖励权利"的方式激励孩子

权利，对孩子而言有着不可描述的吸引力，因为孩子平时在家，都是被父母管教的一方，如果让他们拥有"管教"大人的权利，他们会兴奋不已。而且让孩子拥有权利，可以帮孩子建立起自主感，当孩子感觉到什么事都能自己做主时，做起事情来自然更加主动。

因此，当我们想要激励孩子时，可以说："如果这个星期的作业都能得 A+ 的话，那么咱们家的周末活动就可以由你来安排。"或者是"如果这一次数学测验你能考 95 分以上，咱们家这个月的生活费就由你负责管理"。

在这个过程中，父母可以和孩子一起商量具体的细节，也可以给出一些中肯的建议，但最后的决定权要交给孩子。

用"奖励陪伴"的方式激励孩子

对于一些工作比较忙碌的父母来说，平时陪伴孩子的时间非常少，尤其是有二孩的家庭，分配到一个孩子身上的陪伴更是少之又少。因此，孩子的内心是十分向往父母的陪伴，如果以此为诱饵，激励孩子做某事，相信孩子会很愿意为此付出努力的。同时，这种激励方式还可以满足孩子归属感和安全感的需求，孩子在家庭中感受到的安全感越充足，就越有力量向外探索，去探索更大的世界。

具体的奖励，可以是单独陪伴孩子去某个地方，或者是带孩子去吃喜欢吃的食物，也可以是去游乐园、欢乐谷等地方。

对于平日里有时间陪伴孩子的家长来说，这种奖励方式也可以使用，毕竟没有孩子不愿意与父母共度美好时光。

用"奖励自由"的方式激励孩子

四五年级的孩子，学业压力逐渐增大，能够供他们自由活动的时间也就很少了。因此，"奖励自由"就变成了一种十分具有吸引力的激励方式。比如，当孩子写作业有些磨蹭时，父母可以说："你好好把作业写完，就可以奖励你随意支配作业后的时间。"这样的激励方式，本就是孩子完成任务后，自然而然得到的一个结果，比起物质奖励，这种奖励更加自然有用，且有可持续性。

需要注意的是，无论孩子提出想要怎样的自由，父母一旦答应了，就要百分百兑现，千万不要嘴上答应了，过后又反悔。这样失信的结果，就会使这样的奖励方式失去了吸引力。

其实，用奖励来激励孩子的方式还有很多，比如，给孩子定制奖牌，让孩子决定晚饭吃什么，或者父母答应陪孩子做某件事……只要肯用心，永远有比物质奖励更好的奖励方式等着父母们去发现。

夸奖孩子，是个技术活儿

赏识教育的提出者周弘曾说过："哪怕天下所有人都看不起你的孩子，做父母的也要眼含热泪地欣赏他、拥抱他、赞美他。每个孩子的生命都是为了得到父母的赏识而来到人间的。你的孩子是世界上最好的。"

夸奖，如同一支魔法棒，具有点石成金的作用，它可以鼓励和激发一个人的潜能，可以让孩子更好地完成某件事情。现在越来越多的妈妈意识到了赞美的重要性，并且也越来越推崇"好孩子是夸出来的"教育理念，其实，你可能不知道，夸什么和怎么夸也是一个技术活儿。

一个小女孩儿，用了很长时间画了一幅画儿，当她拿给妈妈看时，妈妈对这幅画儿大加赞赏："宝贝，你画得真棒！"听到这样的夸奖，女孩儿并没有表现出高兴的神色，而是继续让妈妈看，妈妈又看了一遍，又继续夸道："妈妈觉得你画得太漂亮了！"小女孩儿听罢，嘴巴噘得高高的，说了一句："每次都这样说，真没意思。"

妈妈一脸震惊，赶忙问道："妈妈夸你不对吗？"

小女孩儿说道："你都没有仔细看我的画儿，就只会说'真棒''真好看'。"

"那我应该怎么说呢？"妈妈疑惑地问。

"你应该说我哪里画得好，就像美术班的老师一样。"

听了这话，妈妈不禁额头直冒汗，心想：没想到夸人这么难，没点儿技术含量，还夸不好孩子了。

对于孩子而言，类似"太棒了""真聪明"这样的夸奖语言，就像是商场里打折促销的商品，不能打动孩子的心。因为从小到大，他们听过太多这样的赞美了，已经无法从中获得荣誉感了。从心理角度来说，往往越容易得到的东西，越不被重视和珍惜。孩子也是如此，不经过努力就能得到的夸奖，对他起不到任何激励的作用。有时候还会起到相反的作用，一个在家总是听到父母夸自己

"你真棒""你真聪明"的孩子，到了学校后，发现自己并不是那个最聪明的，也不是那个最棒的，甚至有时候还要被老师批评、被同学嘲笑时，这对他的心理冲击可想而知。

而笼统的夸奖，对孩子的影响还不止这一点。父母经常夸孩子聪明，实际上是鼓励孩子用一种固定的心态看待自己，因为聪明是天生的，所以最初什么样，最终也会是什么样。当孩子长期陷在这种情绪之中时，他的内心会渐渐不堪重负，因为他总是会担心别人看到他不聪明的一面，所以做事情就会畏手畏脚，遇到困难就想要逃避，以维护聪明的形象。此时，孩子的心理活动是"放弃是我不想去做，而不是我不够聪明"。

夸，是一定要夸的，但要真诚地去夸。不要夸孩子聪明，要夸他们努力；不要笼统地夸一句"你真棒"，而是要具体地夸孩子。当父母学会夸奖孩子的努力时，就是在鼓励孩子用"成长的心态"看待自己。因为没有人天生就会努力，努力是后天形成的结果，是可以不断增加的东西。被经常夸赞"努力"的孩子，不但不会产生压力，还会想办法让自己变得更好。当他们遇到挑战时，内心会产生一种"我只要努力就能做到"的掌控感，所以他们更愿意去尝试更有难度的挑战。

具体的夸赞方式，父母可参照下面的夸奖公式：

名字+具体的好行为+家长的感受（肯定）+启发式反思（鼓励）

例如，"宝贝，你今天作业写得真快，几乎没有浪费一点儿时间，妈妈真高兴。感觉我的宝贝有上进心了，懂得学习了，是不是？"

越具体的夸奖，越能够让孩子知道自己哪里做得好，之后他才会继续将好的方面发扬光大。

儿童节的汇报演出中，一个小姑娘饰演的角色是一个垃圾桶，演出结束后，小姑娘跑下台问妈妈："妈妈，我刚才表演得好不好？"

妈妈立刻回应道："好哇！妈妈觉得你演得特别好。"

"哪里好？"孩子一脸期待地看着妈妈，问道。

哪里好？妈妈愣住了，这要从何夸起呢？此时此刻，妈妈的大脑飞速地转动着，一个个有关孩子表演的画面在她脑海中闪过，终于，她想到了一个点。

"当那个小朋友把垃圾扔到你身上的时候，你躲了一下，妈妈觉得你这里演得特别好，妈妈似乎都感觉到了垃圾桶的疼痛。"小姑娘的妈妈无比真诚地回答。

听了这话，小姑娘笑得像朵花，说道："虽然垃圾桶不是人，但我觉得垃圾桶也会痛，所以我就躲了一下。"说完，小姑娘脸上露出得意的神色。

赏识教育的提出者周弘说："不是好孩子需要赏识，而是赏识使他们变得越来越好；不是坏孩子需要抱怨，而是抱怨使他们变得越来越坏。"每一个孩子都有上进心，包括那些缺点、毛病比较多的孩子，父母表扬的话语对孩子而言，就好像阳光照在含苞待放的花朵上。夸赞是热爱生命、善待生命，是孩子生命的无形阳光、空气和水。

不过，美国作家海伦·考尔顿提醒父母们："有一点家长要明白，孩子是十分看重我们对他们的行为反应的。因此应格外谨慎地说出我们对他们的评价。"

画个"大饼"，让孩子努力去追

有一个充满上进心的孩子，可以说是所有父母的梦想。因为孩子一旦拥有了上进心，似乎一切困难都不在话下。当作业多时，有上进心的孩子会说："老师留的作业多，是为了让我们将知识掌握得更加扎实。"当遇到困难时，有上进心的孩子会说："失败是成功之母，我再努力些，下次就能成功了。"当看到别的小朋友在外面玩耍时，有上进心的孩子会说："时间就是金钱，我要抓紧时间学习，这样才能考上理想的大学。"……甚至有父母表示，只要孩子有上进心，哪怕他的成绩不够优秀，他的未来也是充满希望的。

然而，这样的孩子并不是天生的。父母们若想拥有这样一个孩子，首先得掌握点儿"画饼"的技能。对于成年人来说，"画饼"或许是个贬义词，但在管教孩子的过程中，父母"画饼"就是用一个远大的目标去激励孩子前进，父母"画饼"的技术越高超，就越能激发孩子的上进心。

父母给婷婷起名字时，希望她长大后能像水中的荷花一样亭亭玉立，可从小就爱吃的婷婷，一路从小胖妞长成了大胖妞。小时候胖乎乎的，别人都说她可爱，可是长大了还胖乎乎的，别人就开始给她起外号了，什么"胖妞"哇，等等，这些外号让婷婷既难堪又难过。

好几次婷婷都表示自己要减肥，可是坚持不了几天就放弃了，要么是没有抵挡住美食的诱惑，要么是觉得运动太累了。起初，妈妈觉得胖不胖无所谓，只要身体健康就好，可是看到女儿每次因为身材而自卑时，妈妈决定帮婷婷实现瘦身的梦想。

婷婷再一次减肥失败后，妈妈对婷婷说："之前减肥，你总是坚持不下来，妈妈分析了一下，主要是你没有明确的目标，减多少？用多长时间？怎么减？都没有规划好，就凭着一股冲动开始了减肥，等冲动劲儿过了，自然就坚持不下去了。所以这一次，我们事先制订个目标，然后根据目标执行这个计划，一步一步执行，看看能不能成功。"

婷婷认真地听着妈妈的话，问道："目标？我就是想瘦，也不知道要瘦成什么样。"

妈妈点点头，接着说："你现在体重有 150 多斤吧，按照你的身高，你的标准体重应该在 100 斤左右。你可以根据健康的正常范围来制订你的目标。"

婷婷想了想，说："那就 100 斤吧。"说完，婷婷的表情变得愁苦起来，"我要减掉 50 斤肉呀，这可太难了……"

妈妈拍拍婷婷的肩膀，说道："一下子减 50 斤，那当然难了，但你想想，当你瘦到 100 斤的时候，你就是个小美女了，可以穿上所有你喜欢的漂亮衣服，而且再也没有人因为胖给你起外号了。"

妈妈的话，让婷婷瞬间坚定起来，她握紧拳头，点头说道："对，我要努力，不就是 50 斤嘛！"

听完孩子这些话，妈妈拿出笔，在纸上写下了婷婷的"减肥目标"，然后根据这个目标，一起制订了完成计划。整个减肥过程分为 5 个阶段，每个阶段为 10 斤。第一阶段以改善饮食为主，婷婷戒掉了那些她爱吃的高热量食物，什么蛋糕、炸串、薯片、奶茶，一口也不能吃。晚上再饿，也不能吃夜宵。忌口，再搭配上妈妈做的减脂餐，仅一个月，婷婷就瘦了 10 斤。初步的成功，让婷婷备受鼓舞。

第二个阶段，妈妈开始陪婷婷一起运动，节食加运动的模式，让婷婷感到苦不堪言。本身吃得就少了，还要努力运动，婷婷几次想要放弃。每每这时，妈妈就会对她说："放弃很容易，但坚持很难。你已经完成了五分之一的目标，如果现在放弃，你那五分之一的努力就白白付出了。"

妈妈的话就像是一剂"强心针"，总能在婷婷懈怠的时候，给予她坚持下去的力量。就这样，婷婷熬过了艰难的平台期，用了一年的时间，终于瘦到了 100 斤。

当婷婷瘦到 100 斤的时候，她的自信回来了，人也变得更加自律了。

《小王子》的作者安东尼·德·圣埃克苏佩里说："如果你想造一艘船，先不要雇人去收集木头，也不要去分配任务，而是先去激发他们对海洋的渴望。"这种渴望，就是让孩子努力奋进的目标。有了目标，孩子就找到了前进的方向。而且这目标要尽可能远大。

《易经》中说："取法乎上，仅得其中。取法乎中，仅得其下。"意思是说，一个人制订了高目标，最后仍然有可能只达到中等水平，而如果制订了一个中等的目标，最后有可能只能达到低等水平。一个远大的目标，不一定能够实现，但在追求目标的过程中，孩子能够变得更加优秀。

那么，父母具体应该怎么做呢？

让远大的目标更加清晰

既然是远大的目标，那必定是短时间内无法实现的目标，因此，远大的目标便成了一个模糊的概念。比如，很多小朋友早早立下誓言："我要考清华大学。"这个目标很遥远，但对孩子而言，大学是什么？大学长什么样？上了大学学什么？孩子一无所知。所以这样的目标虽然远大，却无法激起孩子奋进的心理。因此，我们要帮孩子将目标变得更加清晰，类似于"将来考清华"这样的目标，我们就可以将目标清晰到"考清华要多少分"或者"保持在年级多少名"，再或者"需要具备一些什么特长"，这样才能让孩子内心更加明确自己努力的方向到底在哪里。

制订实现目标的具体途径和方法

有了明确且清晰的目标后，第二步就是将这个大目标转化成一个个切实可行的行动计划，让孩子能够看清每一步怎么进行，这样才能具体地指导孩子的行为。比如，考清华大学这个目标，首先要考上一所好中学，要考上好中学，就需要将成绩提升至多少分？为了提升到这个分值，每学期要进步多少分？同时每天要付出哪些努力？最好将计划做成直观的表格，当孩子完成一步时，就能够体会到"胜利"带来的喜悦，这将有利于孩子在实现目标的道路上继续坚持下去。

及时的鼓励和适当的调整

常言道："计划赶不上变化。"在实现目标的过程中，经常会发生一些变故：或许孩子有了新的想法，不想坚持了；或许现实的因素，导致计划无法照常进行。针对前者，父母要及时跟孩子沟通，了解孩子的真实想法，及时给予孩子鼓励，并提供恰到好处的帮助。如果是后者，父母就要帮孩子调整目标，也可以降低目标的标准。因为给孩子制订目标的目的是让孩子体会这个努力的过程，培养孩子遇到困难不断克服的精神。

一个长远的目标能让孩子更有动力，积极进取，追求成功。可以说，制订目标是父母管教孩子路上的好帮手，有了目标做指引，父母可以少费许多口舌，只需要做一个摇旗呐喊的助威者就可以了。

赋予权利，激发孩子的主动性

"皇帝不急太监急"这句话也是很多父母在管教之路上的真实写照。很多是孩子本该着急的事情，他们不着急，反而父母急得团团转，比如，起床不急、穿衣服不急、洗脸不急、吃饭不急、上学不急、做作业更不急……甚至临近考试了，孩子也不着急。一面是急得不停催促"快点儿"的父母,一面是不知道着急为何物的孩子。结果是孩子越催越慢,自己变得越来越唠叨。

孩子做事不主动,需要父母不停地提醒和督促,其实是在孩子小时候就埋下的祸根。回忆一下孩子的成长过程:孩子 1 岁时,嫌孩子吃饭慢,便顿顿喂饭给孩子吃;孩子上幼儿园时,嫌孩子穿衣服慢,便天天早晨给孩子穿衣服;孩子上学了,担心孩子粗心,就天天给孩子检查作业;孩子都长大了,还担心孩子不知冷暖,天天叮嘱孩子加减衣服……是不是很多孩子自身能够独立完成并做到的事情被父母大包大揽了呢?父母这样做,是出于对孩子的爱,但孩子作为一个独立的个体而言,他们从小就有对独立的渴望和需求。

比如,孩子曾在商场又哭又闹地要某个玩具,父母觉得这是孩子任性,其实这是孩子在争取自己做主的权利;还有孩子长大以后,经常会跟父母顶嘴道:"我凭什么听你的?"父母认为这是孩子叛逆,其实这也是孩子在争取自主决策的权利。

海涛小学毕业了,在面临选中学这件事上,他与父母产生了分歧。海涛为了能跟自己的好兄弟在一所学校,就想去二中念书。父母觉得一中离家近,上学方便,就想让海涛上一中。

这天,父母又说起了择校的事情,海涛坚持自己的想法,于是父母轮番劝说起来。那些话海涛听得耳朵都起茧子了,从小到大,无论做什么事情,父母都要替他做主,从来不过问他的意见。

记得上一年级时，海涛因为个子高，被老师安排在了最后一桌，他回来跟妈妈提起这件事，妈妈便急着要找老师换座位。他害怕被老师骂，于是反复跟妈妈强调，自己坐后面也看得见黑板，可妈妈根本不听他的，第二天就找了老师，说他视力不好，坐后面看不见，于是老师给他调了座位。海涛到现在还记得，自己挺高的个子坐在前面时那种如坐针毡的感觉。

还有一次，海涛想要试着自己上下学，因为班里很多男生不用爸爸妈妈接送了。可当海涛提出这个想法时，直接被父母一票否决了。妈妈说："自己上学多危险，万一碰到人贩子怎么办？"爸爸也说："就是，路上那么多车，万一被碰到，可不是闹着玩儿的。"因为这事，海涛在学校还被嘲笑了，同学说他是"胆小鬼"，学校和家里就隔着一条马路，还天天让爸爸妈妈接送。

这一次，海涛决定反抗。爸爸妈妈还在滔滔不绝地说着一中的好处，海涛突然说道："爸爸妈妈，你们别说了，能不能听我说？"

被打断话语的父母，一脸惊愕地看着海涛，异口同声地问道："你想说什么？"

"我想说，我今年已经13岁了，是一个大孩子了，我想自己做决定，我要上二中。"海涛看着爸爸妈妈，眼神坚定地说。

"可是二中离家远，你……"

"我知道二中离家远，但我愿意每天早起半小时。"海涛打断了妈妈的话说。

"你可以早起，但我们得送你呀，这样我们也得早起……"

"你们不用早起，我决定从今以后自己上下学，你们给我买辆自行车就可以了。"海涛打断爸爸的话说道。

"那冬天呢？那么冷的天……"妈妈无不担忧地说。

"我是男子汉，我不怕冷。"海涛拍着胸脯说道。

看着态度这么坚定的海涛，父母决定尊重孩子一回，他们想：说不定海涛只是一时新鲜，等真正体会到上下学的难处时，就该退缩了。可令父母没想到的是，整整初中三年，海涛没有迟到过一次，每天早晨闹钟一响，海涛就准时起床，吃过早餐就骑着自行车出门了。除非碰到极端天气，否则坚决不准父母接送。

父母自以为为孩子好，帮孩子把各种决定都做了，把所有事情都安排好了，其实这样反而剥夺了孩子学习和独立的机会，对他的成长有害无益。随着孩子的成长，父母应该学会逐步放手，让孩子能够自己的事情自己做，进行自我管理，这样才能激发他们做事情的主动性。

但给孩子自主权这件事，要循序渐进地进行。这里为大家提供一些思路。

给孩子自己做决定的权利

所有父母应思考一个问题：是领导命令你做一件事，你做得更开心呢？还是你自己想去做的事情，你做得更开心呢？那肯定是后者啦！孩子做事缺乏主动性，父母催一催才动一动，往往就是因为缺少自己做主的过程，让孩子觉得做这些事情都不是他们自愿的选择，而是被父母催促的结果。

因此，当孩子做事磨磨蹭蹭、拖拖拉拉时，父母不要一味地催促，而是想办法让孩子体会到自主感。就拿写作业这件事来说，父母可以这样跟孩子说："写作业是你自己的事情，妈妈不该插手，以后几点开始写作业、写多久、休息多久，就由你自己来决定。"

用小事锻炼孩子的自主能力

对于一些较大的事情，父母就要谨慎"放权"了，比如，独自上下学，父母不能让一个从来没有独自出过家门的孩子，突然之间就拥有独自上下学的"权利"。而是要先从小事做起，让孩子渐渐拥有相应的能力，比如，可以先独自取个快递，买个东西等。

与此同时，父母还要画个圈，这个圈就像是孙悟空给唐僧画的一样，要规定出孩子可活动的范围，比如，在赋予孩子自主权的同时，也要保证孩子的人身安全，在这个安全的范围之内，给孩子探索的灵活度。

坚持提供帮助但不干涉原则

如果孩子在自主的过程中遇到了困难,向父母求助,那父母要及时伸出援手,不要对孩子冷嘲热讽,说一些诸如"你不是挺能耐的吗?你不是说自己能行吗?"的话语。

父母可以提供帮助,但不可干涉孩子自己做决定和承担后果的过程。比如,孩子决定晚上九点再开始写作业,那父母就不能在七点时催促孩子写作业。如果担心到了睡觉的时间完不成,那就让孩子去承担相应的后果,被老师批评也好,被罚站也好,父母都要忍住,别因为心疼孩子,就替孩子承担后果,也不要试图替孩子改变某一个负面的结果。

意大利幼儿教育家蒙台梭利曾经说过:"没有人可替代孩子成长!"任凭父母如何出类拔萃、地位显赫,孩子还是得靠自己的双脚才能走路,也只有自己走出来的路,才是孩子向往的道路,才是孩子愿意为之付出努力的道路。

积极的语言，是孩子成长的加油站

很多父母认为，在孩子做得好时，才需要激励孩子；或者是孩子遇到苦难了，需要父母的激励；而孩子犯错时，或是做得不好，需要的是批评。其实，越是孩子做得不好时，越是需要得到父母的激励。

当父母经常对孩子说一些积极的语言，可以让孩子知道父母一直在关注着他们，并且相信他们可以做得更好。当孩子受到父母无条件的信任与关心时，他们会不自觉地拥有一种不能让家长失望的动力，自发地往积极的方向调整行为。这便是积极语言的魔力，它就像加油站一样，在孩子无力前进时，给予孩子充足的动力。

悠悠是一个性格内向的孩子，在班级中，她就像一个透明人，上课不敢举手回答问题，下课也从不打闹，总是安安静静地坐在自己的座位上。

一次家长会结束后，悠悠妈妈特意找到老师，打听悠悠在学校的表现情况。老师说："孩子学习挺认真，就是不爱举手回答问题。"回家的路上，妈妈心里对悠悠充满了抱怨，准备回家好好质问悠悠："为什么上课不举手回答问题？"

到家后，悠悠正在写作业，看到妈妈后，声音怯怯地问："妈妈，老师都说什么了？"看着悠悠小心翼翼的样子，妈妈又不忍心责备她了。仔细想想，孩子不爱回答问题跟性格有很大关系，又不是什么缺点，说不定自己鼓励鼓励，孩子就能勇敢起来呢！

于是，妈妈笑着对悠悠说："老师说你表现不错，要是上课能多举手回答问题，就更好了。"听了妈妈的话，悠悠眼睛顿时一亮："真的吗？老师夸我了？"可转而想到了后半句话，神色又暗淡下来，嘟囔着说："可是，我不敢举手，我怕回答错了，老师会批评我。"

"怎么会呢？"妈妈抓住时机说道，"老师最喜欢上课勇于举手发言的孩子了，即便回答错了，老师也不会批评的。而且你知道吗？如果你回答错了，还是一件好事呢！"

"好事？"悠悠丈二和尚摸不着头脑。

"当然啦！你回答错了，说明你没有掌握或是没有听懂，这样老师才能有针对性地教你呀！这样一来，你的成绩不就'噌噌噌'地涨上去了吗？"妈妈越说越兴奋。

悠悠似乎也被说动了，一副跃跃欲试的样子，说：

"那我试试。"

"加油，妈妈相信你！"妈妈说。

第二天，妈妈并没有急着问悠悠上课有没有举手回答问题，因为一个人要战胜自己，也是需要时间的。就这样，时间过去了一个星期，悠悠终于带来了一个好消息，她终于鼓起勇气举手了，没想到老师立刻就点了她的名字。她回答对了，老师表扬了她，还奖励了她一朵小红花，说是对她第一次举手回答的奖励。

从那以后，悠悠在课堂上的表现就越来越好了。第二学期，还当上了班级里的学习组长。

积极心理学中有一个观点，是说："积极的反馈能够增强孩子的自我效能感，激发他们的内在动力。"同时脑科学研究也发现：积极的语言环境能够促进孩子大脑的健康发展。父母的一句"我相信你"，可以让孩子感受到自己的价值被认可，他会为了不辜负这份信任而努力奋斗，不断挑战自我，超越自我，并在一次次挑战和超越中积累起越来越强大的自信。

同时，当父母用积极的语言与孩子交流时，孩子会感受到父母的关爱和支持。这种温暖的情感连接会让孩子更加愿意与父母沟通，并在和谐的亲子氛围中健康快乐地成长。

下面，提供一些生活中各个方面的积极的语言，以便家长们参考。

让孩子在学习方面更加努力的积极语言

"这道题很难，但你一直没有放弃。"（肯定了孩子的坚持）

"这两小时里，你一直在拼这些积木，简直太专注了。"（肯定了孩子的专注）

"这次成绩提升了，多亏了你每天做课前预习，课后认真复习。"（肯定了孩子的付出）

"你把玩具都收拾好了，真是个自觉的孩子。"（肯定了孩子的主动）

"你在××上进步了很多呢！继续加油哟。"（肯定了孩子的进步）

让孩子情商变得更高的积极语言

"弟弟弄坏了你的东西，你一定很生气吧。"（共情孩子的感受）

"好朋友转学了，你一定很难过吧，需要妈妈抱抱你吗？"（重视孩子的感受）

"小时候，妈妈也羡慕过别的小朋友有漂亮的公主裙穿。"（帮助孩子接纳负面感受）

"我觉得你现在情绪不佳，不如你先休息一下，

一会儿再说这个问题，或许会更好。"（重视孩子的困难，帮助孩子解决困难）

"我感觉到你很害怕，没关系，我会一直陪着你，我们再试一遍，好不好？"（理解孩子，支持孩子）

让孩子更有安全感的积极语言

"我爱你，你淘气也好，听话也好，我都爱你。"（让孩子感受到无条件的爱）

"你是个好孩子，但这件事你做错了。"（将孩子本身与他们所做的事件分开讨论）

"在爸爸妈妈这里，你可以哭、可以悲伤、可以软弱……"（建立彼此之间的信任）

"我相信这也不是你想看到的结果，这不会影响我爱你，我们一起解决这个问题好不好？"（不恶意揣测孩子）

"家是你的避风港，不管什么时候，只要你累了、委屈了，都可以随时回家。"（无论何时，永远做孩子可以信任的人）

让孩子内心强大的积极语言

"你会紧张,是因为你很重视这次考试,想要取得更加优秀的成绩。"(启发孩子换个角度看待自己)

"这件事这么难,你是怎么坚持下来的呢?"(引导孩子看到自己的耐力和韧劲儿)

"曾经有一次,你特别害怕过这座桥,但你还是勇敢地走了过去,战胜了自己。"(用孩子身上的闪光点激励他们)

"刚刚有个叫'冲动'的家伙缠上了你,你想好下一次怎么摆脱它了吗?"(引导孩子掌控自己的情绪)

"每个人都有不开心的时候,但不开心是可以被赶走的,你可以试一试,看看怎样能把不开心赶走。"(引导孩子解决问题,疏解负面情绪)

让孩子品行端正的积极语言

"咦,地上怎么有一些纸屑呢?"(变批评行为为描述行为)

"我觉得你不是故意捣乱的,你只是……"(相

信孩子是好的，看到孩子内心的需求）

"我知道你很委屈，你可以将你的委屈说出来，而不是用拳头表示。"（肯定孩子的感受，引导孩子如何选择正确的做法）

"我看到你把臭袜子扔在了桌子上，这让我感到很不舒服，因为我是一个喜欢整洁的人，希望你能跟我一起保持家里的环境。"（用"我看到……""我感到……""我希望你……"表达自己的需求，而不是批评孩子的行为）

"身子离饭桌近一点儿，嘴巴对着碗，饭粒就不会掉在地上了。"（给出明确的指令，正面引导孩子）

亲子沟通专家阿黛尔·法伯说："永远都不要低估了你的话对一个孩子一生的影响力。"从父母嘴里说出来的每一句话都会对孩子的成长产生深远的影响。想要孩子成为一个积极努力又蓬勃向上的人，那就多对孩子说积极的话语吧。

第6章 只有交流，
才能让彼此更加了解

为什么有时候孩子会对父母的关心感到反感？

为什么有的孩子对亲子沟通不感兴趣？

为什么父母一直尝试融入孩子的生活，孩子却总说父母不理解他们？

因为父母与孩子之间缺少真正的沟通与交流。

真正的沟通与交流，不是谈吃了什么、学了什么、干了什么等话题，也不是父母对孩子发号施令般的单方面输出，而是父母与孩子都了解了对方的想法和需求，是通过谈话使亲子关系更加密切了，使孩子能够从交流中获取安全感、归属感和幸福感。

成为孩子的"大朋友"

家庭教育定义为"成人对儿童的影响与教育"，在这个定义中，儿童处于从属地位和被教育地位，而父母属于管理的地位，教育方式以父母支配控制孩子为主。因此，很多家长将立威作为管教孩子中的重要手段，即父母在孩子面前要拥有绝对的权威，父母发出的命令，孩子必须立刻执行；父母说的话，孩子必须立即就听。这样才算是成功的父母。

可孩子作为一个独立的个体，随着他们年龄的增长、认知的提升，他们的意识逐渐觉醒，他们更渴望能够与父母平等地交流，而不是单方面的服从。但在亲子交流中，父母与孩子之间平等的沟通场景太少了。

比如父母总是用命令控制孩子。

孩子在路边捡个树枝，正兴致勃勃地把玩呢，家长一把夺过，扔在地上，说道："地上捡的东西多脏啊，都是细菌！"孩子还想捡回来，却被家长直接拖走。

比如父母习惯忽视孩子的情感。

爸爸一边喝着咖啡一边看着电脑，孩子站在一旁，好奇地问："爸爸，你喝的是什么呀？"爸爸头也不回地回答说："咖啡。"

"咖啡好喝吗？我能喝一口尝尝吗？"孩子又问。

"好喝。不能。"

"为什么？"孩子问。

"没有那么多为什么。自己玩儿去吧。"爸爸不耐烦地冲孩子挥挥手，示意孩子离开。

比如时常无条件纵容孩子。

孩子不想去上课，在吃早饭的时候，又哭又闹。妈妈一边哄一边喂："宝贝乖，我们先吃饭，好不好？"孩子不吃，哭闹得更厉害，妈妈心疼孩子肚子饿，又心疼孩子哭哑的嗓子，便心软了，退让道："好好好，今天这节课不去了，行了吧！"

不管是强制性的命令，还是服软般的讨好，都不是将孩子放在平等的位置上进行沟通。父母若是高高在上，在交流中就容易让孩子产生距离感甚至是逆反心理。父母若是过度迁就孩子，又会导致孩子不良行为的产生，既不利于建立平衡和健康的家庭关系，也不利于培养孩子尊重他人的良好品质以及理解规则和适应社会的能力。

其实，做到跟孩子平等地交流也很简单，只要父母愿意放下架子，俯下身子，不再将自己视为孩子的管理者，而是将孩子视为一个独立的个体；不再"一言堂"，要求孩子不必按照自己的要求做，而是给孩子自由自在地表达自己的观点的权利；无论在公司、在社会上担任着怎样的职位、拥有怎样的地位，回家后的角色就是父亲或是母亲。当父母真正做到了与孩子平等地交流，就会发现孩子是愿意跟自己聊天儿的，而且你说的话孩子也能听进去。

蕊蕊要过 10 岁生日了，她希望自己也能像公主一样，拥有一个热闹盛大的生日派对，只是，她不知道父母是否同意。

晚饭时，妈妈问道："你要过生日了，今年的生日你打算怎么过呢？"

蕊蕊立刻抓住机会，说道："妈妈，这次过生日我想办一个盛大的生日派对，把我的好朋友都邀请来参加。"

妈妈听了，略显为难。因为家里还住着爷爷奶奶，如果把同学们都邀请来过生日，妈妈担心会影响爷爷奶奶休息。

看着妈妈为难的样子，蕊蕊有些沮丧地问："妈妈，是不是不可以？"

妈妈不想蕊蕊 10 岁的生日在遗憾中度过，想了想后，便与蕊蕊商量道："蕊蕊，你看这样好不好，我们在饭店里办生日派对，怎么样？"

蕊蕊听了，有些不太愿意，说道："我不想去饭店，饭店吃完饭就得离开，我还想和朋友们多玩儿一会儿呢。"

　　左右为难之际，妈妈决定开一个小小的家庭会议来讨论一下这个问题。周末，一家人坐在客厅里，蕊蕊首先发言道："爷爷奶奶，爸爸妈妈，我马上就要过10岁生日了，长这么大，我还没有跟朋友们一起过过生日呢，所以这次我想邀请朋友们来家里给我过生日。"

　　奶奶听了说："哎呀，我和爷爷还想带你去餐厅吃好吃的呢！看来这钱我们是省下了。"

　　爷爷在一旁附和着说："省下还不好！能邀请到朋友，说明我孙女人缘好，爷爷支持你跟朋友一起过。"

　　妈妈将自己的顾虑说了出来："爸妈，我知道你们疼爱蕊蕊，可是孩子们都来家里，会不会太吵了，爸的心脏不好，妈有高血压，我担心孩子们会影响你们休息。"

　　妈妈这样一说，家里立刻陷入了安静之中。爸爸冥思苦想道："有什么办法既能让蕊蕊过个满意的生日，又不耽误爸妈休息呢？"

　　蕊蕊的小脑袋也在飞快地转着，突然一个好主意从她的脑海中蹦了出来。"爸爸妈妈，爷爷奶奶，我想到了一个好办法。我们可以先在家里吃饭，然后吃完饭再和好朋友们一起去公园玩儿，这样就既能一起吃饭，又能一起玩儿了。你们觉得怎么样？"

　　"我觉得这个主意非常不错。"妈妈首先投了"赞成票"。其实，妈妈早就想这样说了，可是又怕像上次一样遭到蕊蕊的拒绝，现在这个主意由蕊蕊自己说出来，自然就好办了。

有人说："家庭教育就是陪伴，就是期待，就是等待，让我们和孩子一起成长。"这句话告诉父母，亲子之间更应该像朋友一样相处。没有一个孩子喜欢爱发脾气的父母，也没有一个孩子喜欢对自己发号施令的父母。他们都希望父母能理解他们、尊重他们、体贴他们，跟他们像朋友一样相处。遇到问题，父母能和他们一起想办法解决；无论什么事情，父母都能跟他们一起商量。这样既能让孩子更理解父母的处境，也能让孩子学会互助、互爱、合作和谅解。

在这种环境中成长的孩子，将来一定情绪稳定，情感丰富、细腻，性格开朗，自信自爱。也只有在这种民主平等的氛围中，父母和孩子之间才能建立起相互尊重、相互信任、相互理解的沟通关系。

一句对不起，意义非凡

常言道："天下无不是的父母。"这句话的初衷是好的，但很多父母在这句话的熏陶之下变得唯我独尊，就算犯了错，也要为了所谓的颜面，找各种理由为自己开脱，为自己的错误打掩护。但如果情况相反，做错的是孩子，则必须向父母道歉才可以。父母仗着自己的身份，对孩子毫无顾忌。而这种有恃无恐，就是觉得"即使我错了，孩子也会原谅我的"。事实也确实如此，孩子对父母爱得纯粹，无论父母犯了多大错，孩子都会选择原谅。但这并不意味着孩子不需要父母道歉。很多父母不知道，有多少孩子，一辈子都在等父母的一句道歉。

自从丽丽结婚后，她再也没有主动回过娘家，除非父母打电话叫她回去，否则她一点儿都不想踏进曾经的那个家门。

在丽丽有了一个比她小 3 岁的妹妹后，父母似乎将一切偏爱都给了妹妹。妹妹长得乖巧可爱，小嘴巴能说会道，小小年纪就能将父母哄得开开心心。而丽丽呢，笨嘴拙舌，还脾气倔强，别说是哄父母开心了，不惹父母生气就是好的。

让丽丽感到最不公平的一次，就是她和妹妹同时发烧了。她跟妈妈说了好多次"妈妈，我难受"，但妈妈每次都是摸摸她的额头后，说句"没太大事儿"就不管她了。晚上，她被嗓子疼醒了，喊了几声"妈妈"都没人回应。她只能强撑着身体，自己爬起来找水喝。路过爸爸妈妈房间时，发现爸爸妈妈没在家，再一看，妹妹也不在家。正在丽丽诧异之际，爸爸妈妈抱着妹妹回来了，原来妹妹也发烧了，爸爸妈妈带着她连夜去看了医生。看着妈妈怀里的妹妹，丽丽哭得不能自已，妈妈却还埋怨她娇气。

此后，成长中的许多事情都让丽丽感受到了爸爸妈妈的偏心。所以在填写大学志愿表的时候，她选择了一所离家很远的大学。寒暑假，她也从来不回家，她一边打工一边念书。大学毕业后，她选择了出国留学。在国外的时候，妹妹打电话给她，说爸爸生病了，很想她，希望她能回家看看爸爸。丽丽心里也很担心爸爸，但想到小时候那些不公平的待遇，她便冷冷地说了句："爸妈那么喜欢你，有你在他们身边就够了。"虽然放下了狠话，但丽丽心里却一点儿也不轻松。

后来父母相继去世，直到父母临走前，丽丽才听到母亲的"道歉"的声音："丽呀，别跟你妹记仇，是爸妈没有做父母的经验，让你受了很多委屈。"

即便是临终的道歉，也充满了对妹妹的偏爱，这让丽丽泣不成声。

"人非圣贤，孰能无过"，犯错并不是什么丢人的事。作为新时代的父母，我们必须认识到家长与孩子之间是平等的，孩子会犯错，父母也会犯错。孩子犯了错，要向父母说对不起，那么父母错了，也要向孩子说声对不起。

对孩子而言，父母的一句对不起就能抹平孩子内心的创伤，赶走孩子的委屈。同时，父母郑重地向孩子认错、道歉，还会让孩子由衷地敬佩父母的气度和修养，从而更加信任自己的父母。父母这种言传身教的行为还能让孩子懂得承认错误并不是一件可耻的事，每个人都有可能出错。之后在自己犯错时，能够勇敢地认错，真诚地道歉。这在无形中也减少了孩子叛逆的行为，让孩子更懂得如何尊重他人。

妈妈在给希希收拾房间时，发现希希的抽屉里藏着一盒香烟。妈妈以为希希学会吸烟了，内心气愤不已。

中午，希希一进家门，就看到妈妈阴沉着一张脸坐在沙发上。

希希不知道发生了什么，试探着问道："妈，你怎么了？不舒服吗？"

"你说怎么了？小小年纪，就学吸烟！"说着，妈妈将那盒烟扔在了茶几上。

希希看到那盒烟，第一反应就是质问妈妈："妈，都跟你说过多少次了，不要乱翻我抽屉。"

希希的质问让妈妈更加生气了："不做亏心事，不怕鬼敲门。你要是没做亏心事，还能怕我翻你抽屉？"

希希被妈妈的话气得胸脯剧烈地起伏着，他喊道："你就是不信任我。"

"你都抽烟了，还让我怎么信任你！"妈妈也喊道。

"我没有抽烟，那不是我的烟，是我帮别人保管的。"说完，希希就回到自己的房间，关上了门不再出来。

妈妈在客厅坐了半天，想了想整个事情的来龙去脉，觉得是自己做得不对。首先，自己不经允许，就随意翻动孩子的抽屉，是第一个不对；其次，发现香烟，没有第一时间找孩子了解情况，而是直接给孩子"定了罪"，这是第二个不对。想到这里，妈妈敲响了希希的房门，道歉道："儿子，对不起呀，妈妈既没有相信你也没有尊重你，你能原谅妈妈吗？"

妈妈的话音刚落，希希就打开了房门，伸出了一根手指头，然后在妈妈诧异的目光中，说道："100元，作为我的精神损失费，我要换个新耳机。"

妈妈连忙笑着拿出了钱包，她知道孩子已经原谅自己了。

美国教育家斯特娜夫人说过："一个勇于承认错误、探索新的谈话起点的父母，远比固执、专横的父母要可爱得多。"其实，在孩子面前，父母不需要去做一个十全十美的人，在孩子眼里，勇于说"对不起"的父母才是他们愿意亲近的对象，只会让他们更加尊重，从而亲子沟通也会进一步融洽。

恶意的玩笑，一点儿也不好玩儿

在亲子沟通中，开玩笑可以缓解尴尬的气氛，还能够令谈话变得更加轻松有趣，令双方的关系更加亲密无间，但这仅限于正确地开玩笑。如果是错误的玩笑方式，则会起到相反的效果。

那么，什么是错误的玩笑方式呢？比如，孩子出了糗，不但不安慰，还去大声地嘲笑；再或者，拿孩子的小癖好或是缺点开玩笑，孩子感到无地自容，父母却觉得十分有趣。

我们每个人对自己都会有一个总体上的知觉和认识，是自我知觉和自我评价的统一体。孩子也是如此。孩子的自我概念通常取决于父母如何看待自己。有些玩笑，父母只是说着玩儿，但在孩子看来或许那就是真实的自己，从而对自己产生认知上的偏差。

晨曦生下来就是一个"小黑人"，妈妈经常对着她的小脸说："唉，这黑黢黢的，跟从煤堆里挖出来的一样。"小时候晨曦不懂妈妈这是什么意思，等她长大了，知道美丑了，才知道妈妈的话是什么意思，就是说她黑。这让晨曦心里十分难受，有时候看着妈妈对着镜子涂脂抹粉，她羡慕得不得了。

有一次，学校组织歌唱比赛，老师让大家化妆，为此晨曦内心充满了期盼，可早晨妈妈一边给她化妆，一边说："你可真黑呀，都涂了两层粉了。"爸爸也在一旁附和。

但是晨曦笑不出来，她看着镜子中的自己，哪有他们说得那么黑……本来心情是不错的，却在父母的"嘲笑"声中消失了。

到了学校，同学们都画得花枝招展，个个抬头挺胸，自信昂扬，晨曦看着那些粉嫩白皙的脸庞，自己都不敢抬头了，她深切地体会到了什么叫作"自卑"。

孩子高高兴兴地唱歌，父母就说孩子音调跑到了十万八千里以外；孩子蹦蹦跳跳地跳舞，父母就说孩子像猴子一样上蹿下跳；孩子皮肤黑一些，就时常嘲笑孩子是黑煤球；孩子身材胖一些，就说孩子像个小猪一样圆滚滚……

父母总希望自己的孩子自信放光芒，却不知道无意中的几句玩笑话就在孩子心里埋下了自卑的种子。更让人难过的是，面对父母不怀好意的玩笑，孩子只能默默承受，他们会觉得自己是不是做错了？父母是不是觉得他们很可笑？当他们找不到一个确定的答案时，内心就会陷入迷茫之中，从而对自己产生怀疑，陷入自卑的情绪当中。

一位教育家曾这样说过："永远也不要取笑孩子，因为没有什么比取笑更能让一个孩子变得无礼、粗暴、心理扭曲了。"取笑就像是一把看不见的剑，会刺向孩子的心脏，刺伤他们的自尊心。

因此，在日常交流中，父母要尊重孩子，不仅仅是体现在大事上面，而且体现在生活的方方面面，尊重孩子就要尊重他们的一切，哪怕是开玩笑，也要考虑一下，是不是会伤害到孩子的自尊，会不会让孩子感到难堪。

这不仅是父母对孩子的尊重，更是父母具有良好涵养的一种体现。同时，面对别人对自己孩子的戏弄和取笑，父母也应该理直气壮地拒绝——对不起，请尊重我的孩子，不要取笑我的孩子。

畅畅妈妈怀孕了，起初畅畅十分开心，因为她早就想要一个小弟弟或是小妹妹了，可突然有一天，畅畅哭着回了家，说什么也不让妈妈生二胎了。妈妈百思不得其解，哄了好半天，畅畅才说出了实情。

原来畅畅在楼下玩儿的时候，遇到了邻居张奶奶。张奶奶问畅畅："畅畅，听说你妈妈要给你生小弟弟了？"

畅畅十分开心地回答："嗯，我希望小弟弟赶紧生出来，好陪我玩儿。"

张奶奶听了，笑着说："你个傻孩子，等你妈妈生了小弟弟，就不喜欢你了。"

张奶奶的话犹如晴天霹雳一般，给了畅畅当头一棒。畅畅不相信妈妈会不爱自己，努力为妈妈辩解道："才不会呢！我妈妈说她最爱我。"

"那是因为你妈妈还没生小弟弟呢！"张奶奶继续说道。

畅畅想到，妈妈时常护着自己的肚子，自从肚子大了，妈妈就不再抱她了，好像真的跟张奶奶说的一样。瞬间，畅畅的眼泪就在眼眶里打转了，她强忍着悲伤回了家，希望在小弟弟还没生出来之前，将这个错误终结。

妈妈得知了这一切，十分生气，当下就带着畅畅来到了张奶奶家，在张奶奶一脸诧异中说明了来意："张大妈，我知道您跟孩子说着玩儿呢，但孩子还小，分不清什么是真的，什么是玩笑。所以请您跟孩子道个歉，并且保证以后都不这样跟孩子开玩笑了。"

张奶奶没想到自己闹着玩儿的几句话闯了这么大的祸，赶紧跟畅畅道了歉。但即便如此，畅畅还是在睡觉前又问了妈妈一遍："妈妈，你保证生了小弟弟后，还是最爱我吗？"

孔夫子说："己所不欲，勿施于人。"大人都反感别人恶意的玩笑，更何况是天真无邪、容易相信别人的孩子呢？父母要时刻谨记，孩子的世界与想法是和大人们不同的，大人觉得好笑的事情，对孩子而言可能就是一种伤害。所以，除非孩子觉得好笑，否则不要跟孩子开玩笑，让他们难过。

拒绝有方，就不怕胡搅蛮缠

虽然我们一直说要认同孩子、尊重孩子、支持孩子，但不意味着要对孩子百依百顺，尤其是当孩子提出一些不切实际的、无理的甚至过分的要求时，父母必须坚决而明确地加以拒绝。假如父母无原则地满足孩子的要求，孩子要什么就给什么，那么只会使孩子的"胃口"越来越大，变得更加任性和无自制能力。

周末，爸爸带着玥玥去超市。路过超市的玩具区时，玥玥想要一个会唱歌的娃娃，这个娃娃家里已经有一个相似的了，但玥玥说头发颜色不一样，非要再买一个。

爸爸好言哄道："家里已经有一个，以后咱们再买新的。"

但玥玥依旧不依不饶的，一屁股坐在地上，大有一副不给买就不回家的架势。

爸爸板起脸，说道："今天说不买就不买，马上跟我回家去！"

但玥玥的倔脾气也上来了，坐在地上，哇哇大哭起来，引得周围的人纷纷侧目。这让爸爸感到有些不好意思，只好妥协道："好好好，买吧买吧。不过我先说好，这是最后一个了，以后再也不买了。"

听到爸爸这话，玥玥的眼泪瞬间就收回了，一骨碌爬起来，激动地抱着娃娃就跑向了收银台。

孩子是很懂得如何拿捏人心的，别看他们年纪小，但是谁好说话，谁不好惹，他们的小脑袋里清楚得很。只要让他们尝到一次甜头，他们就找到了对付父母最有效的武器，下次还会这样使用，甚至还会变本加厉。当他们提出的要求越来越离谱儿时，父母又该怎么办呢？

所以，对于不能答应的要求，父母要学会一开始就拒绝，即便是孩子撒泼打滚，也决不能放弃原则。当然了，拒绝孩子不能简单粗暴地只用一个"不"，而是要讲究策略和方式。

拒绝孩子，要有真正的理由

有些父母喜欢编一些谎言来拒绝孩子。比如，当孩子想买玩具时，父母就说："妈妈没钱了，所以不能买了。"但实际情况并不是这样。这样一旦孩子知道了真相后，父母的话不但不起作用，还会给孩子带来不好的影响。因此，要想拒绝起到作用，就要对孩子说出真正的理由。

昊昊想要买一把玩具枪，可家里早就"枪满为患"了，于是妈妈直接拒绝了昊昊的要求。昊昊不死心，抱着妈妈的大腿苦苦哀求着。妈妈只好认真地对昊昊说："昊昊，家里已经有很多玩具枪了，而且足够你玩儿了。如果你特别想买一样东西，妈妈建议你买一件你现在正需要的。"

昊昊盯着货架想了半天，问道："那我能买一个图画本吗？我的图画本用完了。"

"可以。"这一次妈妈痛快地答应了昊昊。

父母要让孩子明白：他的要求如果超出了正常范围，就必须放弃和适当节制。懂得这一点，对于孩子今后的生活是大有裨益的。

拒绝孩子≠不爱孩子

被父母拒绝时，孩子的内心会很难过，所以父母在拒绝孩子的时候，不要大声吼孩子，要委婉地对孩子说不，同时还要拿出足够的耐心跟孩子解释拒绝他们的原因。

天气很热，子轩想要吃冰激凌，可子轩经常肚子疼，最近正在治疗中，医生严令禁止吃生冷的食物。妈妈可以理解孩子天热想要吃点儿凉的的心理，于是温柔地回绝道："不可以哟，吃了以后又该肚子疼了。"

"我现在肚子已经不疼了，就吃一口行不行？"子轩可怜巴巴地看着妈妈说。

那神情差一点儿让妈妈心软了。但为了孩子的健康，妈妈不得不再次拒绝道："一口也不可以哟，我们要听医生的话，这样病才能早点儿好起来。"

"我就吃一口，就一口，求求你了妈妈，我太热了，快要热死了。"子轩流着眼泪，央求妈妈道。

妈妈知道，如果这时候自己坚持不住，子轩就无法学会克制自己。于是狠下心，再次拒绝了孩子："妈妈知道你很热，妈妈也很热，但是妈妈为了陪你，也忍着没有吃冰激凌。这样好不好？妈妈再把空调温度再调低点儿，然后再给你弄个冰袋抱在怀里。"

"好吧。"在妈妈耐心地劝说下，子轩终于放弃了吃冰激凌的想法。

有时候，拒绝孩子就像是打迂回战，需要父母绞尽脑汁地兵来将挡，水来土掩。但不管怎么围堵，都需要保持稳定的情绪、温柔的态度，不让孩子在遭受拒绝的重击后，还要承受心灵上的虐待。

心肠硬一点儿，将拒绝贯彻到底

当孩子在公共场合又哭又闹，父母很容易为了面子而妥协，这样只会灭自己威风长孩子志气。正确的做法是，对孩子进行批评教育。首先告诉孩子，在公众场合大声哭闹是不文明的行为。如果不能有效地劝说孩子，可以将孩子带离人群，到一个无人的地方，让孩子冷静 10 分钟。这 10 分钟内，不管孩子是哭闹，还是撒泼打滚，父母既要坚持住自己的原则，也要控制自己的脾气，不要对孩子发火。如果孩子倔强到不愿意被带离，那么父母不要犹豫，扭头就走，通常孩子都会紧紧地跟上来。即便孩子不跟上也没关系，父母可以在拐角处或是孩子看不到的其他地方隐藏起来，关注着孩子的一举一动，保证孩子的安全即可。

平时，父母要多观察孩子，了解孩子的性格，这样就可以根据孩子的性格特点来选择更管用的方式。比如，对好奇心比较强的孩子来说，就可以想办法把孩子的注意力吸引到新鲜的事物上去；对好胜心比较强的孩子来说，就可以用激将法……总之，不论用什么方法，总的原则是一定要将态度坚持到底。

对孩子的合理要求，父母要支持鼓励；对孩子不合理或过分的要求，父母决不能毫无原则地迁就，应坚决地表示不允许，并让孩子知道什么可以做、什么不可以做、什么必须做。既然在孩子成长的过程中总要有人伸头去当那个"坏人"，那我们当父母需要做的就是尽可能把这个"坏人"当好，让它无法伤害到你与孩子之间的感情才行。

说不出口的话，写在信里

孩子一天天长大，他们的观念和看法也在随之变化，从前他们认为父母的话就是真理，但是到了青少年时期，他们开始有些反感父母的唠叨了，因为这时候孩子的自我保护意识、戒备心和自尊心都很强烈。因此，亲子沟通之间就会出现一个恶性循环：一个想说，一个不想听；因为不想听，所以说得少；说得少，沟通就少；时间长了，面对面沟通就成了一件很困难的事。

但有些话，父母又不得不说，尤其是一些比较敏感的问题，想说却又不知道该如何跟孩子开口。因此，父母和孩子都默契地选择沉默。长此以往，亲子之间的沟通，就会出现难以弥补的裂缝。

这个时候，通过书信来表达自己的想法，则不失为一种与孩子沟通、交流的好方法。书信，是人们交流情感的重要方式，同时也是一种"润物细无声"的教育方式。

当父母觉得和孩子进行口头交流效果不太好的时候；当父母希望自己的话语能够充分引起孩子关注的时候；当父母不知道如何劝

解或者想和孩子进一步深入沟通的时候；就可以用写信的方式建立起亲子间沟通的桥梁。

上初中后，小秋选择了住校，一个星期才回家一次。周末，一家人难得坐在一起吃饭。小秋对妈妈说："妈，一会儿你可以给我点儿钱吗？吃完饭我和同学出去逛街，晚饭我们约好在外面吃。"

自从小秋开始住校，妈妈就开始担心，担心脱离自己视线的小秋学坏。所以当妈妈听到这个消息时，忍不住打听道："几个同学呀？都是男生女生啊？你们打算去哪里逛逛？"

小秋一听妈妈有这么多问题，立刻就有些不耐烦起来，说道："三个，全是女生，就在大街上转转。"

听到小秋说全是女生，妈妈才放下心来。但还是忍不住教育道："小秋，你可别谈恋爱。隔壁张阿姨家的孩子总是说去同学家玩儿，结果是跟男同学约会去了，可把你张阿姨气坏了，你可……"

"好啦，好啦，我知道了。我都跟你说了，是女生，没有男生。"妈妈的不信任让小秋十分生气，她打断妈妈的话，饭都没吃完，就赌气回了房间。

吃过饭后，妈妈怕两个人再闹不愉快，选择把钱放在门口，然后躲回了自己的房间。

在一些有争议的问题上，父母和孩子面对面的交流，很容易引发争吵，但书信可以很好地避免这一点。首先，父母在写信的时候大多平心静气，思路清晰，这让父母与孩子之间，以一种更平静、更理智的心情来进行交流。因为不用你一言我一语、当面锣对面鼓地说清楚，这样就在很大程度上避免了父母在沟通中出现情绪波动，可以静下心来将事情阐述清楚。其次，隔着信纸，不会感到尴尬，很多话父母可以表达得更直白。尤其是对那些个性较强、当面很少夸奖孩子的父母来说，可以通过书信来抒发一下自己对孩子的真情实感。

森森上幼儿园时，妈妈因为意外事故离开了她。从那以后，森森就跟爸爸相依为命。几年以后，森森长大了。除了身体上的变化，她的心理也产生了明显的变化，她不愿意再像以前一样总是黏着爸爸撒娇了，甚至有时会故意躲开爸爸。

爸爸知道女儿长大了，需要自己的空间，就尽量为森森提供宽松的成长环境，不该问的不问，不该说的不说。

这天，爸爸下班早了，回家路上看到了放学回家的森森，森森身边站着一个高高大大的男孩子。那是森森的同学？还是……？爸爸很想问问森森，可不知道该怎样开口。

几天过去了，这件事一直萦绕在爸爸心头。一个偶然的机会，爸爸看到了《傅雷家书》，里面记录了傅雷写给孩子的信件，爸爸因此大受启发，回家就给森森也写了一封信。

"亲爱的淼淼：

看着你一天天长大，爸爸心里特别高兴。但随着你长大，很多话你不再愿意跟爸爸说了，但爸爸有很多话想跟你说，所以决定写一封信给你。

那天，爸爸看到你和一个男生一起放学回家，爸爸不知道你们是什么关系。以你现在的年龄来说，想要谈恋爱也是很正常的事情。爸爸就是希望你能保护好自己，同时希望你能够以学业为重，因为只有你自己足够优秀，你才能吸引更加优秀的人。

另外，还有一件事爸爸要在这里嘱咐你，就是女孩子长大以后，会经历月经初潮，到时候如果你看到自己流血，千万不要感到害怕，那是很正常的现象，爸爸已经为你准备了卫生巾，就放在卫生间的柜子里。用卫生巾的时候要勤换，否则容易滋生细菌。另外，在月经期间，要注意保暖，不能吃生冷的食物，否则容易引起腹痛。

如果你看到这封信，有什么话想要跟爸爸说，可以回信给爸爸，爸爸盼望能够收到你的回信。

爱你的爸爸"

写完后，爸爸将信放在了淼淼的书桌上，开始了忐忑不安地等待。没想到第二天，淼淼就作出了回应。

"亲爱的爸爸：

收到你的信，我感到很意外。没想到你还挺时髦，用了写信这么酷的方式和我交流。

关于那个男生，那不是我男朋友，我们只是顺路一起回家。我倒是挺喜欢他的，最主要是他学习非常好，经常在学习上帮助我。我也知道我现在应该以学习为重，放心吧，我会努力的，不会让你失望。

关于月经初潮的事情，我们班已经有女生经历过了，那天她的裤子上全是血，我们都看到了，当时我还以为她会死，结果她第二天又活蹦乱跳地来上学了，于是课下我就忍不住向她打听了。不过，还是谢谢你帮我准备卫生巾。

对了爸爸，有件事情我一直想问你，你不考虑找个女朋友吗？

十分关心这个问题的女儿"

看着淼淼的回信，爸爸的嘴角抑制不住地上扬，女儿长大了，开始关心自己了，这让爸爸感到十分欣慰。

著名的教育学家傅雷一生写了很多书，但其中最广为人知的还是《傅雷家书》，里面记载了傅雷及其夫人写给两个孩子的信件，他们通过信件教育孩子先做人，后成家，被视为素质教育的经典范本。不能说一封短短的家书就能够将孩子教育成才，但是不能否认的是，许多无法用言语表达的情感，家书是更好的载体。

第7章 这些话不要说、不能说，说了也白说

语言是打开心灵窗户的钥匙，带来的可以是新鲜空气，沁人心脾；但也可以带来被污染的空气，伤害心灵，削弱孩子的斗志。在管教孩子的过程中，有些话不要说，因为说了也白说，还会让孩子感到厌烦；有的话不能说，说了会伤害孩子稚嫩的心灵，给孩子的心灵造成无法弥补的伤害。懂得管住自己的嘴，让不该说、不能说的话烂在肚子里，是为人父母最大的教养。

唠叨——烦人的"紧箍咒"

"在学校要认真听讲啊！"

"作业做完了吗？抓紧哪！"

"现在不好好学习，将来你怎么养活自己？"

"天亮了，把外套穿上。"

"都几点了，还不赶紧睡觉去！"

……

生活中，父母对孩子的种种叮咛和嘱托，换来的却是孩子的声声埋怨：

"知道了！知道了！你有完没完哪！"

"你已经说了好多遍啦！烦不烦哪？"

……

父母认为，孩子小，有些道理要反复讲才行，以为唠叨得越多，尽到的责任越大，产生的效果越好。但事实上，唠叨是一种最不管用的亲子沟通方法。心理学家认为，一个人唠叨首先是自己不相信自己的表现，唠叨与培养孩子的良好个性也是相悖的。对孩子的缺点或错误，若正面地讲一遍，孩子会产生内疚感，但不停地埋怨、不断地提醒和督促，只会让孩子产生自我保护式的逆反心理，消极对抗、沉默不语，或者干脆与父母针锋相对。同时，父母的威信也在声声唠叨中渐渐失去。

四年级时，莉莉迷上了《福尔摩斯探案集》，每天捧在手里看个不停。原本回家都是先写作业才看课外书，现在变成了先看课外书再写作业。

这天放学回家，莉莉就迫不及待地拿出了她刚从图书馆借回来的《福尔摩斯探案集》，心里想着：看两页就写作业，可真正看起来了，又不舍得放手了。妈妈见状，有些生气地说："先写作业，写完作业再看闲书。"

莉莉有些心虚，于是赶紧地回答："我看完这篇就写，很快。"

5分钟过后，妈妈走过来问："怎么还没看完？还不写作业，又要写到半夜了。"莉莉心里有点儿烦，嘴上说了句："这就快了。"

妈妈见莉莉头也不抬，丝毫没有动身准备写作业的样子，便开始唠叨了："人家孩子都是一回家就写作业，就你拿着一些没用的书瞎看，作业写到12点，时间来不及了就胡乱应付，怪不得考不到第一名。"

妈妈的话，让莉莉的心里越来越烦，丢下了故事书，

不情不愿地掏出了作业。写了没几个字，心里又惦记起
了书中的情节。于是，趁着妈妈不注意，又偷偷拿出那本
书，提心吊胆地看起来……

心理学家武志红在讲座里说过："世界上最无效的努力，就是
对孩子掏心掏肺地讲道理，你讲的道理越多，孩子越反感，更不愿
意和你沟通。"

在唠叨声中长大的孩子，从小就能练就对付唠叨的过硬本
领——或置之不理保持沉默，或"砰"的一声关上门躲回自己的房
间。孩子心坎上一旦构筑起唠叨的防火墙，父母即使真有金玉良
言，也很难在教育孩子时发挥作用了。

俗话说："好话不说二遍。"说十次不一定比说一次有效。当
妈妈们发现唠叨不奏效时，就应该及时改变策略。从现在起停止唠
叨，换一种方式与孩子沟通。

比如，要嘱咐或提醒孩子做什么时，可直接对孩子说："你听
好了，这话我只说一遍。"首先在心理上，孩子就会产生一种必须
重视的意识，然后集中注意力来听父母后面要说的话。如果有一些
很重要的事需要向孩子交代，最好和孩子面对面坐下来，严肃认真
地告诉孩子。让孩子觉得这件事非同寻常，必须引起重视。

如果有些话必须重复地说，那么就改唠叨为提醒，同时协商好
惩罚规则或者是奖励规则。比如，让孩子收拾自己的房间，就可以
这样说："记得在晚餐前将你的房间清理干净，否则你将失去出去
玩儿的机会。"或是"记得在晚餐前将你的房间清理干净，这样晚

餐后，我们就可以一起去公园玩儿"。

这样做，可以给孩子一定的空间，万一他们现在不想做，还可以有个喘息的时间。等时间到了，他们没有按照约定做完，要么按照惩罚规则进行处罚，要么将奖励取消，不需在此事上继续纠缠。

晚上9点30分，潞潞还在客厅里看电视，妈妈忍不住提醒道："9点30分了，快睡觉吧！明天还要上学呢！"

潞潞头也不回地回答道："知道了。"

可当妈妈洗漱完毕，从卫生间出来时，潞潞还在看电视。妈妈又提醒了一次："已经过去了10分钟，你还不睡觉吗？""睡，看完这集就睡。"潞潞眼睛盯着电视回答道。

此时，妈妈内心的怒火已经燃烧起来了，按照"惯例"，此时妈妈应该拿起戒尺，潞潞则在戒尺的威胁下，乖乖上床睡觉。可每天都是如此，依旧收效甚微。于是，妈妈决定换个方法试试。

妈妈径直走到潞潞面前，让潞潞看着她，然后说道："你听好了，这话妈妈只说一遍。你现在赶紧上床睡觉，在我数到三之前，你还没有去睡，明天我就把电视收起来，以后你都别想看了！"

说完，妈妈看着潞潞，等待着她的行动，开始的几秒钟，潞潞还想力争一下，妈妈则努力让自己平静下来，心

想：大不了明天就把电视卖了。结果，就在"三"字刚刚
说出口的瞬间，潞潞就像只敏捷的小兔子，一下子就窜回
了自己的房间，躺在了床上。

　　见到此状的妈妈，真是哭笑不得……

父母给孩子一些适当的提醒和关照是必要的，但不应是命令、
要求和无休止的唠叨，因为没人喜欢烦人的"紧箍咒"，孩子更不
喜欢。《正面管教》中有句话说得特别好："只有当孩子感觉更好
的时候，他才能做得更好。" 只有当父母放下高高在上的说教，给
予孩子尊重和认同，孩子才能获得自信，变得越来越好。

抱怨——最不该对孩子说的话

　　现代社会中，人人都顶着巨大的压力在生活，尤其是对于家庭
中的妈妈来说，既要承担妻子的角色，又要承担母亲的角色，既要
有自己的事，又要兼顾孩子的成长，可谓"身兼多职"。生活的不
易会让人心生许多不满，而这些不满会在日常沟通的"缝隙"中流
淌出来。

　　回想一下，你有没有在孩子面前说过下面这样的话：

> "从小就是我一个人带你，累得腰都直不起来了，你奶奶也从来不帮忙。"
>
> "什么也指望不上你爸，这个家就是我一个人的家，什么都是我来做。"
>
> "我怎么命这么苦呀！老公不挣钱，孩子不省心。"
>
> "我要不是为了你，我用得着这么辛苦吗？你自己说说，你对得起我的付出吗？"
>
> "要不是因为有你，这日子我是一天也不想过了。"
>
> "你知道我生你的时候遭了多少罪吗？到现在一到阴天就腰疼，你却一点儿都不让我省心。"
>
> ……

其实，抱怨不可怕。可怕的是，孩子是我们抱怨最直接的受害者，因为他们完完全全地承受了我们抱怨时的消极心态。心理学中有个暗示效应，即人容易受到外界的暗示，就像被无形的力量引导，将心态和行为朝着暗示的方向发展。父母的抱怨，就是在孩子心中种下了消极悲观的种子，无形之中给孩子的成长织下厚重的压力之网，使孩子过早地感受到生活的辛酸和沉重，为孩子的未来发展埋下了"炸弹"。

在倩倩很小的时候，妈妈就跟爸爸离婚了，然后妈妈带着她改嫁了。继父觉得倩倩是个"拖油瓶"，十分不喜欢她。只要她犯了一点儿错误，就严厉地批评她，还总是在妈妈面前数落倩倩不懂事。

渐渐地，妈妈对倩倩的态度也发生了改变。尤其是妈妈跟继父吵架以后，倩倩就成了妈妈的出气筒。妈妈对倩倩说得最多的一句话，就是："我怎么就生了你这样一个扫把星？自从生了你，我的生活就开始不顺，离婚、再婚都是因为你。"每次倩倩听了，都觉得自己罪孽深重。她在这个家里，每天都过得小心翼翼，生怕惹妈妈和继父不开心。

但是上天没有眷顾这个可怜的小姑娘。继父生意失败，不得不上街摆地摊，早出晚归、风吹日晒的生活让继父感到压力重重，心情自然也越来越差，只要看到倩倩，不是打就是骂，后来直接叫倩倩"扫把星"，连名字都省略了。

有一次，倩倩的本子用完了，想要买一个新本子，当她小心翼翼跟妈妈开口要钱时，妈妈却皱着眉头说她："一天到晚就知道要钱，天天花这么多钱，也没见学习成绩有多好。"偶尔给倩倩买件新衣服，在买的时候，也会叨叨个不停说："养你可真费钱哪！你以后可得长本事孝敬我，要不然对不起我把你养大。"

后来，不知道从什么时候起，倩倩就患上了幽闭恐惧症，只要是在狭窄昏暗的环境下，妈妈和继父说的那些话，就会回响在她的耳边。

抱怨，从来不能解决问题。《教育的艺术》一书中说："好的教育不是抱怨，也不是压抑抱怨，而是通过正确的引导，让孩子明白积极面对的意义和自我成长的价值。"莫言在《母亲》一文里提到："在辛苦地劳作时，嘴里竟然哼唱着一支小曲。当时，在我们这个人口众多的大家庭中，劳作最辛苦的是母亲，饥饿最严重的也是母亲。她一边捶打野菜一边哭泣才符合常理，但她不是哭泣，而是歌唱。……母亲的话虽然腔调不高，但使我陡然获得了一种安全感和对于未来的希望。"

父母面对苦难时表现出积极乐观的心态，带给孩子的是对生活的热爱和希望，会让孩子的内心充满自信和力量，敢于面对生活中的各种困难和挑战。因此，为人父母，我们就要有为人父母的担当，下面这些抱怨的语言不要对着孩子说。

不要抱怨生活的不幸

强者改变环境，弱者抱怨环境。身为成年人，当遇到生活中的不幸时，应该想方设法去改变这种不幸，而不是对着孩子抱怨自己的不幸。父母和孩子诉苦，本质上是痛苦转移术，将自己的焦虑、委屈、不满都转移到孩子身上。或许在说出来的那一刻时，父母内心得到了短暂的缓解，但对于孩子来说，他们等同于遭受了来自父母的精神绞杀。

不要抱怨家庭的贫穷

不管是真穷还是假穷，很多父母喜欢跟孩子哭穷，或许是希望能够激发孩子的斗志，或许仅仅是为了降低孩子的物质欲望，但无论是哪种"哭穷"，都不是教育，而是投毒。哭穷，限制的不是孩子想要买的欲望，而是孩子认知的边界。让孩子感到情绪压迫，并习惯性地压抑自己，把需求降到最低，甚至不敢提任何要求。最终，物质上一时的匮乏，烙印成了孩子心理上长期的贫瘠。

不要抱怨自己的另一半

如果夫妻间产生了矛盾，那就让矛盾只存在于夫妻间，不要将孩子拉扯进来。有的人为了拉拢孩子，便在孩子面前说另一半的坏话，以为这样就可以取得孩子的支持。但现实是，无论是母亲说父亲的坏话，还是父亲说母亲的坏话，孩子潜意识里都会认为是自己不好。要么，他们为了站队，跟另一方亲子关系紧张；要么，他们夹在中间左右为难，对自己的认同感和自信心逐渐丧失。

如果做不到夫妻琴瑟和鸣，但至少不要在孩子面前诋毁，指责另一半，因为这样的方式不但无法改善夫妻关系，改变另一半，还会深深伤害到孩子。同样，对家里其他成员的抱怨也是如此，比如，妈妈抱怨奶奶、爸爸抱怨姥爷……尤其是对于从小养大孩子的人，哪怕做不到亲密无间，但至少要尊重对方。

不要抱怨人生的不幸

人生不如意，十有八九。生在人世间，人人都有许多苦和难，但父母也不能因为自己吃了苦，就要把这苦分成两半，另一半喂给孩子吃，希望孩子看到自己的苦，然后能懂事一些。但对孩子来说，当父母过得不好时，他们就不敢过得好，仿佛他们过得好，就是背叛了父母一般。甚至明明可以享福，却偏要过苦日子。

因此，跟孩子诉苦，不一定能让孩子变得更懂事听话，但一定会让孩子失去对生活的期盼、对未来的向往。

父母是孩子的第一任老师，家庭是孩子成长的第一环境，在父母为人处世的态度里，藏着孩子未来的模样。父母存在的意义，不是给予孩子舒适和富裕的生活，而是给孩子传递一种信念，一种让他们想到父母时就充满了力量，充满了勇气，去面对生活中困难的信念。

泼冷水——毁掉孩子的武器

在教育孩子的过程中，父母常常会产生一种矛盾心态：既希望孩子能够拥有自己的个性、自由发展，又希望他们懂事听话；既看到了孩子的努力，又怕孩子产生骄傲自满的心态。于是，一边鼓励孩子大胆地尝试，一边又担心孩子走了弯路……，"泼冷水"的表达方式，就这样在矛盾心态下产生了。

当别人夸奖自己孩子时，父母不但不会坦然地接受他人对自己孩子的夸张，反而对于他人对自己孩子的夸奖反驳，会说孩子并不是这样的，他们在家不知道是有多调皮，随之在孩子面前讲述他们的一大堆缺点。孩子原本被夸奖的快乐，瞬间被羞耻代替。

当孩子表现出优秀的一面时，本该夸一夸孩子，但看见其他人夸奖了孩子时，生怕孩子骄傲，于是一盆冷水立刻浇下来，说孩子这点不算什么，说其他孩子更厉害，在孩子面前说了一大堆其他孩子的优点，还时不时地表示自己的孩子比不上人家的孩子。

就好像孩子是一个兵乓球，刚高高地蹦起，就被父母一拍子打回到桌面上。当一个孩子经常被"泼冷水"时，对其成长造成的打击将是毁灭性的。

首先，就是自信心缺失或减少。孩子的自信心是在一次又一次的尝试中累积起来的，当他们将自己即将进行的尝试行为告知父母时，其实就是想在心理上得到父母的鼓励罢了。如果这时被父母"泼冷水"，孩子自信心自然会遭到很大的打击，甚至在做其他事时的相关信心也会因此受到影响。

其次，让孩子无法正确认识自己。当别人夸奖孩子，或是当孩子自我感觉良好时，父母却话锋一转，说的全是孩子不好的地方。对于年龄还小的孩子来说，他们不知道父母的行为是谦虚，还是自己做得真的不好，于是便单纯地认为自己是错误的。长此以往，孩子对自己的评价就会偏于消极，觉得自己什么事情都是做不好的，从而缺少努力的方向。

最后，伤害孩子的自尊。为了让孩子清醒一些，父母会在"泼冷水"中揭孩子过去的"伤疤"，明明孩子这个时候表现得很好，做得不错，但父母偏偏要在孩子最自豪的时候说他们最丢人的事情，这等于将孩子的自尊心踩在了脚下，不但会伤害孩子的自尊，还会让孩子的情绪变得幽怨。

有一个年轻人，他一直非常努力，做什么事情都很用心。但很奇怪，他做什么事情都没有成功过，总是在快成功的时候打起了退堂鼓。

经历多次失败后，他开始寻找原因。回想起自己的小时候，他学习成绩很好，一直都在前三名，但是每次拿到成绩单，他的脸上都看不到一丝笑容，因为这样的成绩拿回家，不但得不到父母的夸奖，还会被父母"泼冷水"，"第三名没什么可光荣的，考第一名才叫真本事。"

高中时，他在放学路上跟同学踢了几脚球，被路过的父亲看见了。父亲当场黑下脸来，对着他骂道："放了学不赶紧回家学习，还有脸在外面踢球？你以为自己考了第一名吗？"瞬间，跟同学一起玩闹的快乐心情消失得无影无踪。

一直以来，他心里都憋着一股劲儿，他想要做出成绩，想要向父亲证明他的能力。可高考时，他差 2 分没考上北大。面对这个致命的打击，父亲非但没有安慰他，还说道："就算差 0.5 分，那也是你'技不如人'。"

大学毕业后，他成了一名高级白领，可每每回到家乡，在朋友亲戚对他进行赞扬的时候，父亲总要说一句："还不是给别人打工，自己当老板，那才叫本事呢！"

后来，他真的辞职创业了，可是尝试了很多行业，都没能干出成绩。因为每次遇到困难时，父亲的话就会飘进他的耳朵："你干什么都干不好。"

苏珊·福沃德博士在《中毒的父母》一书中写道："来自父母的打击，所造成的伤害效果不只是当下。它贯穿岁月，像一根针一样深扎在子女的心头。"家长对孩子"泼冷水"的时候，其实反映出的不是自己对孩子的教育，而是自己内心的恐惧和担忧，恐惧自己没有更好的教育方式，担忧骄傲使孩子落后。

父母希望孩子不要骄傲自满的出发点是好的，但是不要用"泼冷水"的方式打击孩子。可以先表扬孩子的进步，夸奖孩子的优秀，让孩子平复一下激动的心情，然后再引导孩子继续努力。

优秀的父母不会做孩子的差评师，更不会一边对孩子说着我爱你，一边又对孩子恶语相向。家长对孩子多一些肯定，他就能多一分自信，这样孩子的人生才会有更多的可能。

为你好——最可怕的三个字

有句话叫作"父母之爱子，则为之计深远"，意思是说，父母爱孩子，就要为孩子做长远打算。这本是指父母在管教孩子的道路上，给予孩子正确的指引，避免目光狭隘而影响了孩子的成长。但有的父母在践行这句话时，渐渐走向了一条歧途，那就是打着为你好的旗号，满足自己对孩子的控制欲。

叶子上初中那年，父母离异了，之后她便跟着妈妈生活。可能是为了弥补家庭破裂给叶子带来的伤害，妈妈将一颗心全都扑在了叶子身上。参加中考之前，为了让叶子有机会上重点高中，妈妈带着叶子住进了"老破小"的房屋，同时为了更好地照顾叶子的饮食起居，妈妈辞掉了体面又高薪的工作，找了一份时间更自由的网络兼职。

自从妈妈有了更多的时间后，叶子感受到的不再是沉甸甸的母爱了，而是挣不开的枷锁。每天早晨，妈妈会按照营养食谱做好早餐，并看着叶子一点儿不剩地吃下去。然后亲自送叶子到学校，一路上是妈妈停不下来的叮嘱：

"你昨天做的英语阅读理解，错了两个单词，今天利用下课时间好好巩固。"

"早晨给你倒的水有点儿烫，到了学校，你晾一会儿再喝。"

"老师跟我反映，你最近跟××走得有点儿近。那孩子说话吊儿郎当的，你还是离她远点儿吧。"

"今天早晨凉，中午又热了，你感到热了，就把外套脱了。要不出一身汗，回头风一吹容易着凉。"

……

起初，叶子还能好言好语地答应着，后来便有些烦躁了，忍不住回应道："妈，我都多大的人了，你能不能别把我当3岁小孩儿啊？"

妈妈不但没有意识到问题，还说道："你这孩子，我这是为你好！"

上了高中之后，妈妈还要干预她以后的人生。叶子的梦想是考进航天大学，她想要造航天飞船。但妈妈认为她一个女孩子，应该学习金融，所以极力劝说她报考经贸大学。母女俩谁也说服不了谁，经常为此争吵。高考前夕，叶子因为压力大而失眠，爸爸心疼她学习辛苦，便悄悄买了一个航模积木给她，希望她能够在学习之余解解压。

可当叶子将积木拿回家时，妈妈就一把抢了过来，然后放到了自己房间里，说道："都什么时候了，还有60多天就高考了，你还有心思拼这个？我先帮你收起来，等你高考结束了再慢慢拼。"

叶子委屈不已，指责妈妈不理解她。妈妈却说："等你以后就知道了，我这是为你好。"一句"为你好"，让叶子只能将委屈吞进肚子里。

终于，高考结束了。面临填志愿时，母女俩再次起了争执，叶子想要坚持自己的选择，但妈妈却想叶子听自己的话。

妈妈怎么也想不明白，自己掏心掏肺疼爱的女儿，怎么就不理解她呢？

"为你好"这三个字，常常被父母挂在嘴边。在父母看来，自己所做的一切，确实都是为孩子好。可现实偏偏是，孩子不但不接受这份好，还会想办法逃离这份好。因为这份好并不是孩子想要的好，而是父母自我感动式的付出。

如果父母只是乐于奉献，喜欢自我牺牲，也就罢了。但有的父母还需要回报，需要孩子领情，在他们自我感动式的付出里，暗含着"我所做的一切都是为你好，我成为今天这个样子都是为了你"的暗暗谴责。孩子若是不领情，他们就会悲伤难过。

因此，对于孩子来说，他们感受到的更多是内疚和压力。"为你好"这三个字，就像道德的枷锁一样套在了他们的身上，他们不但要接受这份爱，还应该去回报这份爱，否则就对不起父母的付出。

如果孩子长时间沉浸在这种心理中，很容易形成病理性自恋：一方面觉得自己很优秀，可以满足别人；另一方面又担心自己不够优秀而陷入自卑。如果有人对他们非常好，他们就会焦虑不安，觉得自己不配，甚至还有可能变成无论别人为他付出多少，他都觉得是应该的。

有位心理咨询师说："牺牲意味着伤痛，意味着不公。只要有伤痛和不公，就会希望获得回馈和补偿，而一旦想获得回馈和补偿，就会破坏两个人的关系。"那么，父母怎样避免自己陷入这种"自我感动"式付出的亲子关系中呢？

放弃牺牲，找回自我

爱人的前提是先学会爱自己，父母对孩子也是如此。父母要学会爱自己，不能因为成了父母，就失去了自我。可能有些父母，小时候就是被自己父母用自我牺牲的方式养育长大的，所以自己成为父母后，也不自觉地在这个模式里打转。当我们发现自己总是对孩子说"为你好"时，就要重新审视下自己的生活了，尝试着往自己的生活里增加一些新的轨迹，做一些让自己快乐的事情，或是让自己变得更加自信的事情，如健身、学习一项技能、与朋友聚会、独自看一场电影……你虽然已为人父母，但你依旧有权利去追求自己喜欢的东西，这不是自私，这是爱自己的能力，同时也教会了孩子如何爱自己。

放下占有欲，允许孩子不领情

我们为什么要生孩子呢？网友高赞的回答是这样的："生孩子是为了见证一个生命的成长，是为了能够陪伴他走一段路，共同欣赏一段人生的风景，然后目送着他远离。"孩子从来都不是我们的"附属品"，尽管他们小时候那样依赖我们，长得那样可爱，那样让我们爱不释手，但我们也得学会放下。不管在养育孩子的道路上付出了多少艰辛，这都是我们一厢情愿的付出，孩子可以选择接受，也可以选择不领情。

关心孩子的感受，用提问代替命令

都说"知子莫若母"，其实很多时候，父母对孩子的了解，是将自己的想法嫁接到了孩子身上，也正因如此，父母才会陷入控制中而不自知。所以，当孩子产生情绪时，我们不要粗暴地命令孩子，而是要用提问的方式，引导孩子说出自己的真实感受。

比如，当孩子不想吃青菜时，父母不要说："必须吃，吃了青菜才能长大个儿。"而是问："为什么不想吃青菜呀？是不喜欢吃？还是已经吃饱了？"

通过提问，父母可以挖掘出孩子真实的想法，同时也避免了自己犯下强制孩子听话的错误。

我不否认"为你好"这三个字所包含的爱，但这种爱的方式不但不能让孩子懂得感恩，也不能让孩子变得更好，还会深深伤害孩子。如果真的想为孩子好，就少说"为你好"吧。

威胁——最没用的语言

许多父母认为，威胁是管教孩子时最管用的语言，因为此言一出，孩子必定乖乖顺从。比如：

"我数到三，再不过来，晚上就别想吃饭了！"

"不听话，妈妈就不爱你了！"

"再不回家，以后就别想回家了！"

"你再不起床，我就不管你了。"

"你再哭，我就不要你了。"

为了管住孩子，父母觉得怎么能让孩子感到害怕就怎么说。父母甚至为了让孩子长记性、变听话，甚至不惜胡编乱造和夸大事实。当孩子因此而顺从时，不禁为此暗暗得意，认为自己拿捏住了孩子。实际上，这不但是最没用的管教语言，还是最伤害孩子的管教语言。

商场里，妈妈领着一双儿女逛街。

路过玩具店，弟弟一只手指着柜台里的玩具，一只手扯着妈妈的衣服，喊道："妈妈，我要那个汽车。"

妈妈不答应，弟弟便站在玩具店门口不肯走。妈妈劝说无果后，甩开他的手，怒吼道："你走不走？不走我就不要你了！"

说完，妈妈转身就要走。弟弟见状麻溜儿地爬起来，一边抽泣一边跑到妈妈身旁。

到了餐厅，弟弟开始挑剔食物，这不爱吃，那不想吃。妈妈一边举着勺子喂，一边说道："你看姐姐多乖，从来不挑食。你再不好好吃饭，妈妈就只喜欢姐姐，不喜欢你了。"

弟弟一听，赶紧低下头"啊呜啊呜"吃了几口。

不一会儿，姐弟俩都吃完了，在餐厅里跑来跑去。玩着玩着，就来到了餐厅门口。妈妈见状，连忙喊道："不要出餐厅哟，否则被坏人抓走了，你们就再也看不到爸爸妈妈了。"

　　姐弟俩听了，赶紧跑回到妈妈的身边。

不要用"不爱"威胁孩子

　　生活中，父母在搞不定孩子的各种情况下，比如，孩子在外面玩儿不肯回家、不肯这样、不肯那样等，就会用"不爱""挨揍"这样的话语来威胁孩子。这句极具威胁性的话可能会换来孩子暂时的安静和听话，但孩子会非常恐惧，恐惧即将到来的最可怕的后果，对于孩子来说，不爱和抛弃真的是最恐怖的噩梦，毫无抵抗之力，由此内心产生强烈的不安全感。更严重的是，有的孩子还会有样学样，反过来威胁父母，如"你不给我买 ××，我就离家出走。"

　　等到孩子再大一些，这种威胁就没用了。因为他们知道，父母威胁孩子的语言并不会真的兑现。什么我不爱你了、你永远别回来、以后就别想吃饭……最终都变成了吓唬孩子的伎俩。一次两次，孩子会害怕，次数多了，孩子就"免疫"了。威胁的话不但不会吓住孩子，反而会将孩子推向孤立无援的境地，进而孩子会疏离父母，会叛逆，恶化亲子关系，疏离亲子联结。因为当孩子在家里感觉不到爱，得不到回应和认同，感受不到亲情时，那么家和父母就不会再是他的牵绊，他会认为独立更好，少一个人管教了。

　　父母利用家长身份威胁孩子，指责孩子，控制孩子，都只能把教育的成效体现在表面，并不能让孩子心服口服。所以，威胁式教育治标不治本，同时还会对孩子造成巨大的影响。

不要用警察来威胁孩子

很多父母觉得自己威信不够，就拿出警察来威胁孩子，比如："你再不听话，警察叔叔就来抓你啦！"孩子听了，虽然会立即变得听话，但内心也对警察产生了深深的恐惧。

某市的特警三大队曾接到一个报警电话，电话中称，一个小男孩儿在街上边走边哭。民警赶到后，连忙上前询问情况："小朋友，你叫什么名字呀？在哪里上幼儿园哪？"

结果孩子不但一言不发，还哭得更凶了。直到半个多小时后，孩子的父母出现在警局，孩子才冷静下来。民警委屈地反映了孩子的情况，孩子当着父母的面，这才说了心里话："我犯错了，我怕警察叔叔把我关起来……"

原来，平时孩子在家不听话，父母就会用"警察抓你"这样的话来威胁孩子。所以当孩子看到警察叔叔时，不是心安，而是恐惧。

父母在这样威胁孩子时，有没有想过：如果有一天，孩子真的遇到了危险，他们不敢报警，该怎么办？

类似的情况，还有用"医生""老师"等身份威胁孩子，这些语言都会令孩子对这样身份的人产生恐惧。即便父母短暂管住了孩子，但极不利于孩子对这个世界产生正确的认知，可谓"丢了西瓜捡芝麻"的管教行为。

由此可见，威胁孩子的语言不但不利于父母管教孩子，还会对孩子的成长产生严重的危害。

比起威胁，共情更管用

孩子需要被认同，当孩子磨蹭着不去写作业，父母与其说："我数到三，你再不去写作业，我就要揍你了。"不如说："如果磨蹭，不能及时完成作业，就会浪费掉你自己的时间，睡不够明天迟到，那么明天老师会怎么说你，你知道的对吗？换作是我，我现在就去写作业，早点儿写完，痛快地玩儿。"

这个就是共情，站在孩子的角度，设身处地为他们着想，然后让孩子知道，不同的做法会面对不同的结果，最后让孩子自己做出选择。

就算孩子不听话又怎样呢？大不了就是让他承受不听话的后果呗。老师的一顿责骂，远比父母的威胁更加管用。

爱不是威胁孩子使之听话的武器。把孩子隔离出爱的空间，只会损害爱，伤害孩子。聪明的父母，会用温和的因势利导代替生硬的讲道理，用耐心的平等交流代替打骂威胁，用明确的分析代替霸道的控制。简单粗暴的管教方式，人人都会；耐心却又充满智慧的引导，才是父母应该追求的方向。

大道理——费力又不讨好的说教

在管教孩子的过程中，经常出现这样的画面：

孩子做错事，父母苦口婆心地对孩子讲道理，告诉孩子这不能做，那不能碰，否则会有着怎样的后果。

但话音刚落，孩子又重蹈覆辙。父母无奈："为什么我跟你讲了这么多遍，你就是记不住呢？"

是呀，为什么父母讲了很多遍的大道理，孩子就是记不住呢？因为孩子还是个孩子，如果他们具备了明白道理的能力和认知，他们还能是孩子吗？

父母给孩子讲道理，从主观意愿来说往往是为了孩子好，比如，他们想把自己摸索的经验传递给孩子，让孩子少走些弯路。但如果仔细想想，父母给孩子讲道理，很多时候是在满足自己的愿望，或是在转嫁自己内心的痛苦。

比如，一些不太成功的父母想要在孩子面前显示出自己很厉害的样子，就会通过反复讲大道理来塑造自己的理想形象，希望以此获得孩子的钦佩与认可；还有一些父母想要通过讲大道理，让孩子认同过去的自己。表面上是讲给孩子听，实际上是在讲给过去的自己听；有的父母则是因为种种原因错过了孩子的幼年时光，于是便想通过讲道理的方式来关心孩子，以修补亲子关系中的裂痕……

教育从来不是一个讲道理的过程，而是一个让孩子体会的过程。对于孩子来说，枯燥乏味的道理远不及多彩的世界有趣，孩子是直观地认识这个世界，他们认识世界的方式，本就跟成年人不一样。成年人通过经验总结出来的道理，还没有经历过人生的孩子，又怎么能够理解呢？

有心理学研究表示："从讲道理到接受道理，中间的距离可能很远。一个人能够接纳别人的观点，首先取决于情绪，其次取决于对方的行为，最后才是对方的语言。"

所以，在孩子情绪不好的时候讲道理，完全没用。在孩子情绪好的时候讲道理，是否能有用，还得看父母具体是怎样做的。有句话说得好，要想孩子成为什么样的人，父母就应该先成为什么样的人。父母天天讲"看书好"的大道理，但是自己却不曾拿起书本，就不要指望光说道理就能让孩子爱上读书。

教育孩子，如果只讲道理，就会变成费力又不讨好的说教。最有效的教育，不仅要言传，更要注重身教。我们先暂且将"身教"放在一边，就说如何"言传"，孩子才更愿意听。

先肯定，再肯定——讲不扫兴的道理

有时候，父母为了表现出温柔、婉转的一面，在表扬孩子后面，总会跟着"但是"。比如，在评价孩子画作时，说："你这幅画儿画得很好，但就是有点儿不够细致。"看似既表扬了孩子，又婉转地提出了建议，是一举两得的事。但实际上，这种讲道理的方式十分令人扫兴，相当于在孩子十分开心的时候，给孩子泼一盆冷水，这就不要怪孩子不爱听了。

想要说出孩子听得进去的道理，最好将"转折法"换成"递进法"。比如，评价孩子画作时，可以这样说："你这幅画儿画得很好，而且比以前细致了不少了，继续这样下去，一定进步更大。"递进式讲道理的好处，就是可以一直让孩子处在积极的感受中，从而使其精神受到鼓舞。

反思自身——讲以身作则的道理

有的父母喜欢站在道德制高点上批判孩子，认为这样孩子就没有反驳的余地了。实际上，再好的道理用来批判，孩子都难以接受。

对此，一位心理学家曾说："如果在批评别人之前，首先谦虚地承认自己并非无可挑剔，那么别人在听到批评的时候，就不难接受了。"也就是说，父母不必找什么深奥的大道理，只需要在讲道理时，率先进行自我反思，检讨自己做得不好的地方，通过自身的行为，让孩子认识到承认错误、反思不足，并不是什么丢人的事情。

关注孩子——讲方向一致的道理

很多父母在讲大道理时，通常会以"我希望……"开头。比如，在劝诫孩子好好读书时，会说："我希望你能认真听讲。"这话听起来没什么毛病，但仔细琢磨后，发现这话的潜台词是"你没有认真听讲"，表面上在表达希望，实际上是在批评，孩子自然不愿意听。

实际上，父母的希望和孩子的希望往往是一致的，父母希望孩子好好学习，难道孩子就不希望自己能好好学习吗？既然方向是一致的，那么父母就不要说"我希望"，将"我希望"变成"我们共同的希望"，这样就将父母单方面的希望变成了与孩子一同努力的结果。

即便父母的生活阅历要远远多于孩子，但也不代表父母说得都对。如果非要给孩子讲道理，那么父母就要提前做好充分的准备，对即将要说的"道理"进行全方位的思考，让"道理"说出来后无懈可击，同时还能为孩子提供新的认知和思维方式，否则，这个道理不如不说。